新编21世纪

职业教育精品教材

福建省“十四五” 规划教材

生命教育

主　编◎蔡佳伟　肖育发

副主编◎张　颖　吕倩倩　柯青兰

参　编◎彭凤英　蔡素芬　王晓丽
郑怡萍　陈　亮　陈冰冰
曹伊凡　陈蓉蓉　林玲玲
何晓曼　蔡美丽

中国人民大学出版社

·北京·

前言

PREFACE

让尊爱生命成为良好品行

本教材以习近平新时代中国特色社会主义思想为指导，深入贯彻落实党的二十大精神，突显生命至上的理念，守护学生健康，以培养时代新人为己任，为学生扣好人生第一粒扣子，陪伴学生迈出生命成长中的重要一步，培养德才兼备的社会主义建设者和接班人。

人最宝贵的，是生命。每个人只有一次生命。

英国哲学家罗素在其散文《我为什么而活着》中写道："对爱情的渴望，对知识的追求，对人类苦难不可遏制的同情心，这三种纯洁而无比强烈的激情支配着我的一生。""我觉得活着值得。如果有机会的话，我还乐意再活一次。"

百川东到海，何时复西归？

生命里的每一天都是现场直播，不会重来。

生命是一个不断成长、完善和充实的过程，难免会遇到挫折和障碍，这就需要我们坚强地去直面困难，自信地逐梦前行，做一个尊爱生命的人。只有尊爱生命的人才会善待自我，善待他人；只有尊爱生命的人才会不断完善自己，丰富自己的生命内涵，最终成就自己。

为此，我们编写了《生命教育》，从"生命诞生""生命与自我""生命与相处""生命与责任""生命与自然""生命与安全""生命与疾病""生命不息"八个方面阐述生命之道，让同学们在领悟生命之不易中体验生命之尊。通过"生命书签""生命故事""生命智慧""活动与分享""实践与思考""欣赏与提升""感悟与收获"等新颖的形式，让学生从知、行、情、意四个方面发现自身的生命价值所在。

如何做到尊爱生命？

忍耐：自古以来，人们在强调人生修养时，对忍字都是非常看重的。如“事临头三思而行，怒上心忍字为高”“小心驶得万年船，忍让方得一世安”“能忍一时之气，可保百年之身”，这些格言警句都告诉我们遇事懂得忍耐是一种宝贵的人生智慧。

自律：孟子说：“养心莫善于寡欲。”只有清心寡欲，控制好自己的欲望，不让其蔓延泛滥，人生才能不至于纵欲成灾，跌入深渊。东汉时“天知、地知、你知、我知”的故事历来为人称赞，它告诉我们不管在何时何地、有没有人监督，都应该自我约束，严格要求自己。

宁静：诸葛亮的《诫子书》备受推崇，其核心就是“宁静致远，淡泊明志”这八个字。《大学》里就曾强调：“静而后能安，安而后能虑，虑而后能得。”一个人，只有内心宁静，才能够实现心安理得、心态安宁，才能够进行缜密的思考、周详的谋划。只有通过缜密思考、周详谋划，事业才有可能获得成功。

自谦：“三人行，必有我师焉”，孔子这句家喻户晓的名言出自《论语·述而》，它提醒着我们不要骄傲自满，他人的言行举止必定有值得我们学习的地方。这种谦虚的处事态度和精神，不仅是自我修养、自我提升的最好途径，也是人与人和谐相处的秘诀。

担当：担当的基本意思是承担、担负任务、责任等，语出《朱子语类·卷八十七》：“岂可不出来为他担当一家事？”包容一切并对其负责，就叫有担当，正所谓：“有容乃大，无欲则刚。”梁启超说过，这个社会尊重那些为它尽到责任的人。“担”重在扛起，“当”重在承担，尤其是承担起与自己身份、责任相当的任务，“担当”一词，既与承担、负荷有关，也与责任、本分有关，它告诉我们要敢于扛起自己的责任。

同学们，党的二十大报告提出，推进健康中国建设，把保障人民生命健康放在优先发展的战略位置。拿起这本书吧，认识生命是什么，知道生命为什么，懂得生命做什么，就像霍金说的那样：“生命是宝贵的，你有大量的事情要做。”“不管你的境遇如何，你只能全力以赴。”

编　者

目录

CONTENTS

第一章

CHAPTER 1

生命诞生

01 第1课　认识生命的初始

生命书签

万物各得其和以生，各得其养以成。

——荀子

人本身是自然界的产物，是在自己所处的环境中并且和这个环境一起发展起来的。

——恩格斯

生命故事

尤里和米勒创造“生命原材料”实验

搭积木游戏，同学们都很熟悉，我们可以对积木按照不同的方式进行搭配，搭成许多不同花样的积木结构。在自然科学中，也有许多“积木游戏”，蛋白质就是其中一种。不管是动物、植物还是细菌，都毫无例外地具有一个最重要的组成部分——蛋白质，这是构成生命的基本物质。而形成蛋白质分子的物质是“氨基酸”，也被称为构成生命的“原材料”。不同数量、性质的氨基酸，就如同拼积木，“拼”成了许许多多的蛋白质。

那么在数十亿年前，当地球还是一个年轻的没有生命的行星时，氨基酸是怎样形成的呢？

米勒实验装置

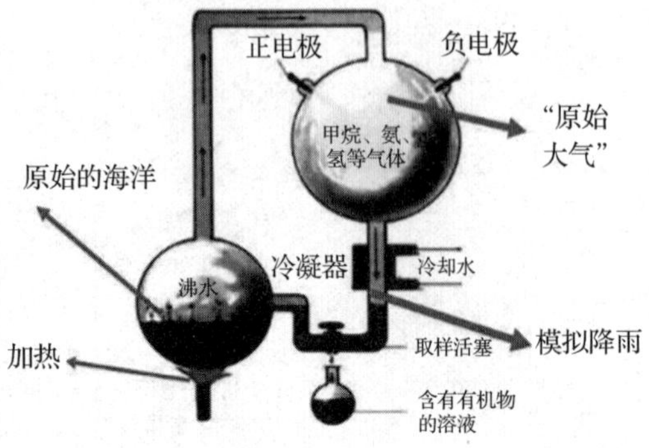

美国科学家尤里与米勒，通过实验探索氨基酸的形成过程。他们设计了一种特殊的受控性密封大型玻璃容器，模拟地球早期环境；在长颈瓶中装上温水来模拟当时的海洋，当水蒸气蒸发时，会被收集在另一个烧瓶中；引入氢气、甲烷和氨气，模拟早期大气层无氧气的状况；之后释放电火花，来模拟闪电，进入这种由混合气

体构成的无氧大气层；最终，利用冷凝器将这些气体冷却成液体，收集进行分析。

随着实验的进行，米勒发现：水和空气开始时是无色的，但是到了一天晚上，水变成了粉红色。随着时间的推移，水的颜色越来越深，直到最后成为深红色。氨的浓度迅速下降，氨基酸的比例则持续上升。一个星期过去了，在实验的第八天，米勒发现在这个容器里面，共生成 20 种有机物，其中有 11 种氨基酸，它们就是构成各种蛋白质的“积木”！据此尤里和米勒得出结论：有机分子形式能够来自无氧大气层，同时最简单的生命体也可能孕育在这种早期环境中。

尤里和米勒的实验向人们证实，生命起源的第一步，即从无机小分子物质形成有机小分子物质（氨基酸），在原始地球的条件下是完全可能实现的。小小的容器变成浓缩了的原始地球，重演了几十亿年前发生的惊天动地的奇迹，展示了原始地球合成有机物的生动图景。人工合成氨基酸的成功，震动了整个生物学界。在探索生命起源的征途上，人类迈出了重要的一大步。

生命智慧

在繁星璀璨的茫茫宇宙之中，有一个孕育了生命的浅蓝色星体，她就是地球。据从宇宙中回来的宇航员介绍，他们在遨游太空时，遥望地球，映入眼帘的是一个蓝白纹痕相间、周围裹着一层薄薄的蓝色“纱衣”（大气层）的玻璃状（海洋）球体，晶莹透亮，闪烁着斑斓的光芒。这个生命的摇篮，是那样的美丽壮观，令人如醉如痴，无限眷恋。

一、探寻地球生命之“初”

目前在地球这个美丽的浅蓝色星球上繁衍生息的物种，已知的微生物有十几万种，植物有三十多万种，动物有一百多万种，如此丰富多彩的生命，最初是从哪儿来的？科学家研究发现，今天地球上的生命体无论大小都是由细胞组成的，而细胞由一些结构复杂的生物分子组成，那生物分子是如何出现的？这就要从地球的诞生说起，让我们穿越时空，回到地球刚形成时。

地球的形成始于无数个陨石的撞击，由于撞击释放的能量非常巨大，以至于在地球刚形成时，其温度高达 1 200 摄氏度，没有氧气，没有水源，只有熔融的岩浆。

过了很长一段时间，撞击减少了，地球开始冷却变硬，潮湿的蒸气云凝结成水掉下来形成大雨，这场大雨持续了上千万年，形成了原始的海洋，覆盖了地球的表面。

在这场大雨中，雷电击中海面，岩石、水和空气不停地相互撞击，产生了生物分子，这便是组成生命的基础材料。之后出现了原始的生命——细菌，即便是现在不可见的细菌也是所有生物的基本生存要素，你每一次呼吸的空气中都有数百万的细菌，甚至有多达数十亿的细菌在你体内生活和工作。当然，有一些细菌会使你生病，但更多的细菌则帮助你维持生命。

随着细菌的数量和种类的增多，产生了竞争和捕食融合，两个细菌会相互搏斗，也有可能融合成一个新的生物——真核细胞。两个相互吸引的真核细胞开始配对，融合成了一种全新的生物——菌落。

这些真核菌落是活的生物，每一个都从单细胞开始生长，直到长成有数十亿个紧密相连细胞的生物，它们柔软，身上布满滴状斑点。大约在 5.4 亿年前，地球动物的数量呈现爆炸式增长，开始出现各种身体构造完全不同的生物。

湿软的水母抽动长长的触角并产生了最早的肌肉，顽强的三叶虫率先制造出了硬壳一样的结构，像一个骨架盾。此外它们还演变出了最初的眼睛，是由透明晶体组成的。蠕动的虫子开始构建最初的大脑和脊椎。

大约 5 亿年前，随着海洋每天的潮起潮落，有两个不同群落的真核细胞被遗留在了岸上，一个真核群落以阳光为食，另一个则爱上了土壤的味道。它们就是最初的植物和真菌。它们的出现彻底改变了地球，苔藓、巨大的蕨类植物与真菌在陆地上扩散蔓延，有些蕨类植物长成了巨大的蕨树。

有坚硬外壳的动物冲出海面，跑到空气中，它们成了昆虫。那时的蜻蜓非常巨大，有着与海鸥一样宽的翅膀，沿着海岸呈“之”字形飞行。陆地的诱惑实在太大了，一些鱼类把它们的鱼鳍变成了又短又粗像网格一样的脚，鱼鳃开始变成了可以呼吸的肺。陆地和海洋花了数百万年的时间，才创造出在陆地和海洋都能生存的生物，那就是两栖动物。

两栖动物的祖先一开始只能在水中产卵，后来，一种全新的蛋出现在陆地上，它有一个坚硬的外壳，保护蛋壳里面的胚胎不会变干。这种外壳坚硬的蛋是谁下的呢？是爬行动物。现在它们可以离开海洋，在爬行中探索陆地了。

其中一组爬行动物变成了喧闹的统治者，它们就是恐龙；另外一组爬行动物长出了毛发，变成了灰褐色的不到 15 厘米长的动物，在恐龙的脚下乱窜，它们就是哺乳动物；还有一种凶猛的小恐龙不断演化，经过无数代进化之后，它们的鳞片变成了羽毛，细小的胳膊变成了长有爪子的翅膀，这些恐龙变成了鸟。

动物们依赖植物给自己提供食物，植物则需要动物将它们的种子扩散到新的地方，之后新的种子生长出食物，动物吃了，再带到更远处，植物和动物开始如此相互依赖，以至于任何一方离开另一方都无法存活下去。但是，这个过程被一次意外打断了……

大约 6 500 万年前，一颗 9.6 千米宽的巨大流星，以 6.4 万千米每小时的速度冲向地球，在猛烈的撞击后，恐龙陷入了灭绝的黑暗之中。

黑暗之后，迎来曙光，剑齿虎、蝙蝠、长毛猛犸象、海豚和非凡的人类等多姿多彩的生命登上地球舞台，哺乳动物成为地球统治者。

700 万年前，非洲大陆上的乍得沙赫人有幸拿到了开启人类进化之门的钥匙。340 万年前，在非洲的利特里，原始人类第一次开始用双脚直立行走。320 万年前的原始人类——阿法南猿，开始团结协作，组成家庭。经过几百万年艰难的进化，直至 20 万年前，最古老的现代人类——智人，终于出现并带领着子孙走出非洲、走向全球各地。

线上学习

通过网络搜索，了解生命数亿年的进化与演变历程，感受人类是地球母亲创造的生命奇迹。

二、了解人类生命之“始”

经过数亿年的进化与繁衍，地球上大约有 870 万种不同的生命存在，包括 780 万种动物、30 万种植物、60 万种真菌。而我们人类只是这 870 万分之一，是整个地球家园中的一分子，非常微小，但是人类最终站到了地球物种金字塔的顶端。

那么作为人类个体，最初始的我们是如何诞生的呢？想必大家一定问过自己的父母这个问题：“我是从哪里来的？”而父母的回答也是五花八门，有充话费送的、有垃圾堆里捡的，这样的答案一定没法满足你的期望，甚至让你感到失望。现在同学们经过学习也应该了解到，人类的生命初始于爸爸的精子与妈妈的卵子相结合，他们之间的爱情故事孕育在妈妈的子宫里，经过十月怀胎，新生命终于诞生啦！

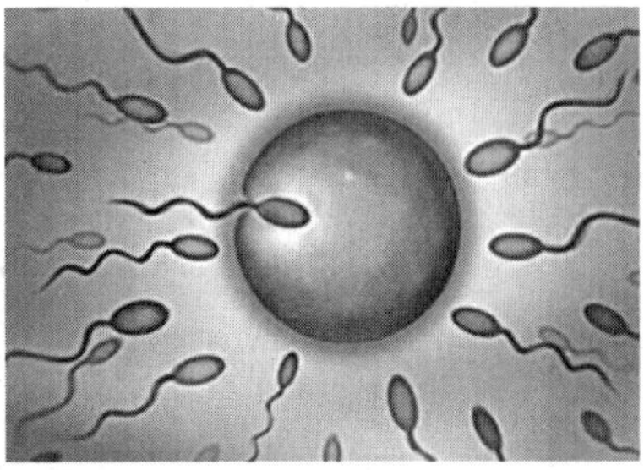

那么，爸爸的精子是如何与妈妈的卵子结合的呢？是通过两性之间的性行为。据统计男性一次射精的精子数量可以达到 3 亿枚以上，在历经层层筛选、优胜劣汰后，最终只有 1 枚精子有机会和卵子结合。

首先，如果爸爸长期吸烟、酗酒、熬夜都会杀死体内的精子，这就淘汰了爸爸体内一部分质量较差的精子。

同时，精子比较适合在碱性环境中生存，而女性的阴道偏酸性，所以精子刚进入女性身体里，就可能被“酸”死了，这又淘汰了一部分适应能力不强的精子。

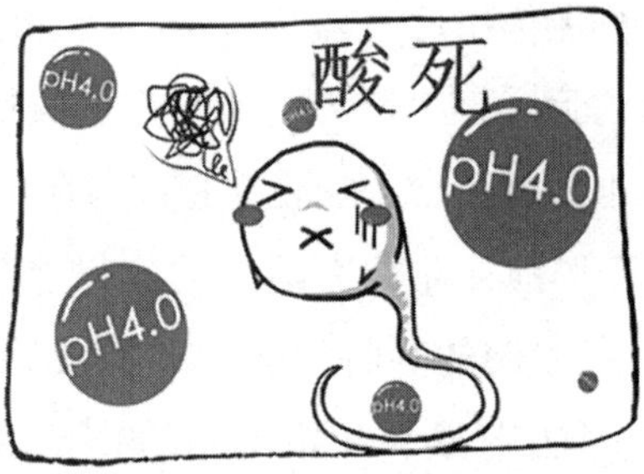

在进入输卵管后，精子就开始赛跑了，快的能在45分钟跑完，跑得慢的要3天，不少精子缺少活力跑不快，被遥远的路途打败，“累”死了。

这时候活力强的精子跑在前面，那就一定能与卵子结合吗？不一定！女性卵巢并不是只有一个，而是左右均有，分为左卵巢和右卵巢，精子必须寻找卵子，但有些精子左卵巢、右卵巢分不清楚，在长时间的寻找中力量耗尽，最后被自己“笨”死了。

最终能与卵子结合的精子都是亿里挑一的，因此可以说每位同学的诞生，都是经过万分残酷的筛选后的结果，每一个生命都是奇迹！

线上学习

通过网络搜索，了解人类的诞生过程，体会人类生命是经过残酷竞争后的结果，感受孕育新生命的艰辛与伟大。

活动与分享

了解地球生命之“多”

鹰击长空、鱼翔浅底、万木争荣、百花竞秀，这些蓬勃的生命是大自然最伟大的杰作。同学们，地球上已发现的物种达到几百万种，有动物、植物、微生物等，它们共同构成了一个丰富多彩的生命大家庭，人类也是这个大家庭中的一员。接下来我们通过“比比猜猜”的小组竞赛活动，看看同学们如何表现大自然中的动物，小组成员能猜对多少种动物。

每个小组选出一名富有表现力的同学，该位同学看完动物卡片后通过肢体动作来描述该动物，不能出声，其余小组同学猜是哪种动物，每组 20 个词，限时两分钟，答对题目最多或最快答完的一组获胜。猜不出可以喊“过”，每组有三次“过”的机会。其余组同学不能提醒，提醒过的词目自动作废。

实践与思考

探寻地球生命之“最”

地球大家庭中的成员们各个身怀绝技，有的在很多方面甚至远远超越了人类。请同学们查阅资料，探寻地球上最有特色的生命体。

体型最大的动物是：

体型最小的动物是：

寿命最长的动物是：

寿命最长的植物是：

寿命最短的动物是：

寿命最短的植物是：

飞得最高的动物是：

跑得最快的动物是：

游得最快的动物是：

潜得最深的动物是：

跳得最高的动物是：

身高最高的动物是：

牙齿最多的动物是：

智力最高的动物是：

智力最低的动物是：

脚足最多的动物是：

眼睛最多的动物是：

睡眠最长的动物是：

相关链接

最长寿的蛤蜊——507 岁

蛤蜊，又作蛤蛎，是软体动物门双壳纲帘蛤目多个物种的统称。目前，人类所发现的最高年龄蛤蜊寿命长达 507 岁，被命名为“明”，因其从明朝开始活到了现代（1499 年到 2006 年）。

明自被捕捞上岸后就被放置在冷冻柜里以待后续研究。在班戈大学的研究人员打开它的壳，想要对其进一步分析时，发现明的生命迹象逐渐消失，最终死亡。

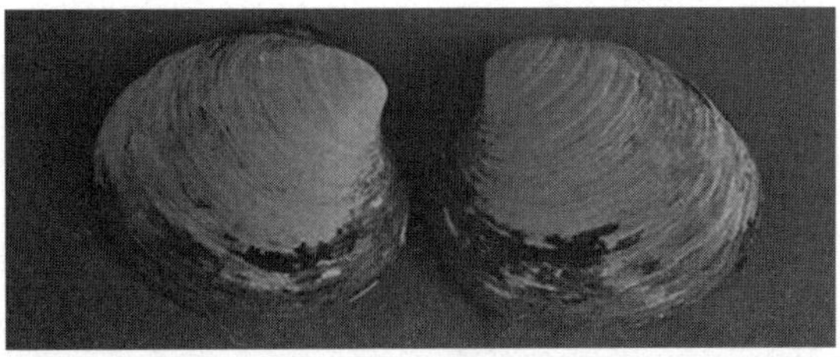

欣赏与提升

1. 书籍：《生命简史》（[英]理查德·福提）

本书通过第一人称将自身的地质研究经历、见闻、趣事和古生物学理论融合，用开阔的视野、扎实的学识、生动的文笔，讲述地球生命46亿年波澜壮阔的演化传奇。人类是自然的产物，46亿年间发生的无数偶然事件，造就了今天地球上的芸芸众生。与地质历史上远古生物的多样性相比，人类只是沧海一粟。地球承载着生命与人类文明，从宇宙视角来看，这颗星球依然璀璨、伟大。

2. 纪录片：《生命地球》

本片创新性地从太空角度切入，深入探究有着46亿年神秘历史的地球，向人们完整呈现地球的形成和演变历程；追溯我们从何处来，思考未来人类又将去向何处，揭示地球生命出现的秘密，展现地球上的生物多样性。

感悟与收获

02 第2课　尊重生命的成长

生命书签

青春啊，永远是美好的，可是真正的青春，只属于这些力争上游的人，永远忘我劳动的人，永远谦虚的人。

——雷锋

一个人成长的进程，不仅是肌肉和体格的增强，而且随着身体的发展，精神和心灵也同时扩大。

——莎士比亚

生命故事

1982年2月26日，李娜出生于湖北省武汉市的一个体育世家。李娜6岁时，父亲就把她送到新华路体育学校，开始练习羽毛球。因为一次偶然的机会，她得到武汉市业余体校网球教练夏溪瑶的赏识，开始了网球之路。

刚开始，由于年纪较小，李娜总是打不赢比她大的同学。每次输球之后，她就坐在球场边伤心地哭。对孩子特别严厉的教练就朝李娜吼道："哭有什么用，有志气就打败她们！"听到教练的吼声，李娜擦去眼泪、咬牙训练，很快就把队里的其他队友打败了。

跟着夏溪瑶训练几年后，14岁的李娜进入湖北省网球队。在著名网球教练余丽桥的严格要求和悉心调教下，李娜打下了扎实的基本功，并逐步形成了自己的技术风格。同年，父亲因病离开人世。李娜万分悲痛，但是悲伤之余，李娜的决心更加坚定，网球已经成为自己不能抛弃的事业，她必须通过努力实现父亲的夙愿。

父亲去世的第二年，15岁的李娜赴美国训练7个月，从美国回来后在全国网球

总决赛中获得冠军。在2001年第21届世界大学生运动会上，李娜代表中国队夺得女单、女双和混双3枚金牌。同年的九运会网球比赛，李娜代表湖北队将女团、女双和女单3项桂冠收入囊中。

在获得了这些成绩之后，李娜没有停止前进的脚步，她仍然刻苦训练，不断寻求自我的突破。2011年6月4日，在法国网球公开赛女子单打决赛中，李娜以2∶0战胜意大利选手斯齐亚沃尼夺得冠军，这是中国乃至亚洲网球选手第一次在国际职业体育赛事上夺得大满贯赛单打冠军。如今，经过多年奋斗，李娜已经成为闻名全球的国际体育明星。

生命智慧

什么是成长？成长就是长大与长成，泛指事物走向成熟的过程，是生命不断变得更好、更强的过程。人的生命历程就是一个不断成长的过程。

一、生命成长的特点

1. 生命成长有自身的发展规律

在生命成长这个漫长的过程中，每个人都有自己身心发展的规律，每个阶段都有其不同的特点。出生时不一样，出生后又不一样；十四五岁和十六七岁不一样，初中的你和职业院校的你也不一样。生命的成长好似农作物生长，要经过一定的时间才能成熟，希望同学们对自己多些耐心与信心，在校园里学好知识，掌握技能，成长终究会到来。

2. 生命成长有快慢之分

同样是生命成长，但不同的人有快慢之分，因为心理特点、个性气质、认知水平、知识经验、智力结构的不同，每个同学在相同年龄的发展程度是不尽相同的。并且同学们受周围环境、教育影响的不同，使得生命发展有的快些，早早地锋芒毕露，有的慢些，可能属于大器晚成。就如运动员长跑，起点慢些的不一定终点也慢，首先到达终点的人或许起点比别人慢些。有些同学在初中时做事马虎、调皮捣蛋、情绪多变、叛逆不羁等，这些都是生命成长中的正常现象，随着年龄的增长、知识经验的丰富、阅历的积累、技能的娴熟，同学们会逐渐克服这些缺点。

3. 不同的生命有不同的成长特点

美国哈佛大学霍华德·加德纳教授指出人有八种智能：语言文字智能、数学逻辑智能、视觉空间智能、身体运动智能、音乐旋律智能、人际关系智能、自我认知智能、内省智能。每位同学都有自己不同的智力结构和侧重点。就如在我们身边，有的同学内向害羞但写起文章妙笔生花；有的同学交际上如鱼得水却不擅长写作；有的同学不喜欢体育运动偏喜欢画画；还有的同学数学一窍不通但唱起歌来美妙动听。同学们要多思考自己的特点和优势，找到自己的最佳才能区，再寻求适当的条件，持之以恒地培养这方面的才能，做到扬长避短，绽放出自己独特的生命成长之花。

相关链接

霍金的成长之路

科学家霍金小时候的学习能力并不强，他很晚才学会阅读，上学后在班级里的成绩从来没有进过前10名，而且因为作业总是“很不整洁”，老师们觉得他已经“无可救药”了，同学们也把他当成了嘲弄的对象。在他12岁时，班上两个男孩用一袋糖果打赌，说他永远不能成材，同学们还带有讽刺意味地给他起了个外号叫“爱因斯坦”。然而随着年龄渐长，霍金对万事万物如何运行开始感兴趣起来，他经常把东西拆散以追根究底。14岁时，他发现自己对物理学方面的研究非常有兴趣，虽然中学物理太容易太浅显，显得特别枯燥，但他认为这是最基础的科学，有望解决人们从何处来和为何存在的问题，他开始不懈地探索。在20多年后，当年毫不出众的小男孩真的成了物理界的一位大师级人物。

相关链接

“差生”郑渊洁

“童话大王”郑渊洁小时候是个“差生”，因为他总是调皮捣蛋，他的老师训斥他：“咱这个班里，最没出息的就是你！”郑渊洁不服气：我作文好，我有想象力，咋就没出息？后来，他成了当代颇有影响力的童话作家。当有人问他成功的秘诀是什么时，他说了这样一句话：“我找到了最佳才能区，每个人都有自己的最佳才能区，这是每个人与生俱来的特殊能力，是任何人都代替不了的。”

二、生命成长的四季

结合当今科学界对年龄的分类，我们大致可将生命成长分为四个阶段，对应着一年四季，每个阶段都有鲜明的特点，让我们一同领略生命成长四季之美。

1. 春播——少儿时期（0～15岁）

少儿时期泛指儿童与少年时期，大约是同学们0至15岁的时候，这是人生成长中变化最大的时期。在行为上，你从只会躺卧，到学会爬行，再到熟练掌握直立行走与奔跑；在语言上，从咿呀学语到能够清晰流畅地表达自己的思想；在思维上，从低级的感觉事物、认识事物，发展到拥有高级的记忆、分析、判断等能力。这些改变无不倾注着父母无数的心血与老师的悉心教导，新生命就是这样慢慢地崭露头角成长起来的。

这一时期犹如生机勃勃的春天，内心万物生长，对一切懵懂又充满好奇心，你将发现自己的兴趣，发展自己的特长，养成自己的性格，此时是培养良好习惯、树立远大志向的关键期。特别是少年时期的立志，就是在春天播下一颗进取的种子，点燃一盏指路的明灯。

少年立志指的是在少年时期，初步规划自己的奋斗方向，有了努力目标，人才不迷茫、有动力。当然，个人的志向要与时代变化和国家命运联系起来，要和中华民族的伟大复兴紧密结合，少年智则国智，少年富则国富，少年强则国强！作为中华少年，我们要胸怀祖国、面向未来，做脚踏实地的筑梦人！

相关链接

为中华之崛起而读书

1911年的一天，在沈阳东关模范小学的课堂上，魏校长问同学们：你们为什么要读书？同学们纷纷回答：为做大学问家，为知书明礼，为让妈妈妹妹过上好日子，为光宗耀祖，为挣钱发财……等到周恩来发言时，他说："为中华之崛起而读书！"他的回答让魏校长大为赞赏。之后他留学日本，又回国参加五四运动，到欧洲勤工俭学又回国投身革命，一生为中华之崛起而奋斗。周恩来就是少年立志并为之奋斗终身的楷模。

2. 夏种——青年时期（16～45岁）

青年时期一般是同学们16～45岁的时候，充满了青春与活力，这是人一生中的黄金时期，也是人生成长中面临诸多变化的时期。首先是身体外形的变化，我们将经历身体第二个生长高峰，迅速长高长大、长宽长壮，身体的运动系统、心血管系统、神经系统及性机能不断成熟。其次智力方面将逐步发展到高峰期；而情绪和情感将愈加丰富而强烈，并趋向稳定。这些变化会给大家带来许多挑战与机遇，需要我们努力完善自我，适应变化，生命就是在适应变化中茁壮成长起来的。

这一时期犹如艳阳高照的夏天，我们将经历身心的变化，逐渐从幼稚走向成熟。同学们的第一个变化就在当下，我们在学习环境、内容、方式、任务等方面与初中存在着不同。之后我们将面临从学业人到职业人的变化，从依赖父母到自我独立的变化，从单身到组建家庭的变化，从身为子女到为人父母的变化。唯有战胜变化才能赢得机遇，青年时期将是你成才、成功的关键期。因此青年时期的奋斗就显得尤为重要，应像夏日耕种时挥汗如雨、热火朝天，不负青春、不负韶华。

青年奋斗指的是在青年时期，为少年时所立下的志向而努力拼搏的过程。青年人如初升的太阳，朝气蓬勃、充满能量，青年人渴望成功，但通往成功的道路并不总是铺满鲜花，而是往往布满荆棘。幸福生活都是奋斗出来的，同学们要撸起袖子加油干，以时不待我、只争朝夕的状态，投入学习、生活与工作当中，将小我融入大我，将个人奋斗的轨迹融入国家和民族的事业，在奋斗中为自己创造美好生活，为社会创造宝贵财富，为民族实现伟大复兴而努力，成为不畏艰难、矢志不渝的追梦人。

相关链接

英雄莫问出处，现在努力也不晚！

岳祥曾是武汉某职业学院的高职生，在 2017 年终于如愿考上复旦大学的研究生。一名高职生是如何逆袭成为名牌大学的研究生的呢？他成功的秘诀就是努力奋斗！在五年的时间中，他每天学习 14 个小时，早 8 点进实验室，晚上 11 点才出来，有时看到食堂要排队，就回寝室啃面包，尽一切可能不把时间浪费在学习以外的地方。

英语是岳祥最大的拦路虎，他听从老师的建议，用最笨的办法学：一天背 200 个英语单词，一天背 7 遍，无论去哪，都会带上词汇书。终于他的英语词汇量达到了 14 000 个，做英语阅读、写作文容易多了，看英文原版书、听英语公开课都不在话下。

3. 秋收——中年时期（46 ～ 60 岁）

中年时期一般是 46 ～ 60 岁的时候，一般而言同学们的父母正处于这一时期。在经历了青年时期的年轻气盛与年富力强后，人到中年将面临人生成长中的衰退期，心理能力继续增长，但机体能力逐渐衰减。具体表现为知识与智慧仍在积累增长，并且生活经验相当丰富，但人体生理机能已在不知不觉中开始下降，特别是免疫功能的降低，导致中年人常常会觉得心力交瘁，易患各种疾病。此时，正视自己正在衰退的现实，接受自己的工作、生活状态，保持身心健康尤为重要，这也是生命的另一种成长。

这一时期犹如天高云淡的秋天，人们经过年轻时的奋斗，终于迎来收获的季节。在事业方面，小有成就；在财富方面，有所积累；在社会地位方面，受人尊敬；在内心方面，自我价值感强。中年时期的人需要豁达的胸襟，在秋收的季节里，即使面对累累的硕果，也能保持清醒，倍加珍惜这来之不易的幸福生活。当然受生活环境、受教育程度、社会机遇、工作岗位等多种因素的影响，也有人在收获的季节缺少成功的体验，此时也应调整心态，泰然处之，接受现实的自我。

中年豁达指的是在中年时期，对自我奋斗的成果保持一份豁达的心态，不以物喜，不以己悲。而身为子女的同学们，是可以帮助父母在中年时期进一步成长的。比如，对于事业有成的父母，同学们应督促他们避免违法犯罪行为，抵制生活中的诱惑，保持清醒的头脑；对于承受巨大生活压力的父母，同学们可以积极承担家庭责任，创造轻松愉悦的家庭氛围，减轻父母内心的焦虑与惆怅。

4. 冬藏——老年时期（60 岁以上）

老年时期一般是 60 岁以上，一般而言同学们的爷爷奶奶正处于这一时期。经历了中年的衰退，老年时期的他们将加速衰老，直至生命终结。此时不单身体机能加速衰老，各方面的心理能力也开始衰弱。具体表现为形态老化，视力与听力退化严重，动作与学习速度减慢，操作能力和反应速度降低；记忆力下降，对新事物的接受能力较低。此时老年人将进入生命成长末期。

这一时期犹如银装素裹的冬天，曾经橙黄橘绿的美景已藏在大雪之下。在事业方面，老人们大部分已退休，离开了工作岗位，自我存在感与价值感大大降低；在机体方面，各项身体指标将加速退化，需要接受生老病死的自然规律，特别是要从容面对各类老年疾病，尝试克服对死亡的恐惧。

老年从容指的是在老年时期，能从容地面对自己身心衰老时的失落与孤独感，克服面对疾病时的无助与恐惧感，当然这对于老年人来说相当不易，需要我们的帮助。如果同学们家中有老年人，希望大家回家后放下手机，多与老年人交流谈心，分享自己的收获与喜悦；不管有多忙，都要让爸爸妈妈带着自己常回家看望老人，当老年人看到自己的晚辈健康茁壮成长，学业事业有成时，他们会感到极大的满足。尊敬老人是我们中华民族的传统美德，希望同学们在日常生活中能够善待身边的老人。

相关链接

“我”眼中的父亲

4岁：我爸无所不能。

5岁：我爸无所不知。

6岁：我爸比你爸聪明。

8岁：我爸并不是无所不知。

10岁：我爸成长的那个年代和我们非常不一样。

12岁：哦，很正常，我爸对这件事一无所知。他已经老了，所以忘记了他自己的童年时代。

14岁：别在意我爸，他是个老古板。

21岁：我爸？天呐，他的迂腐无药可救。

25岁：我爸一点都不了解我，虽然他和我一起生活了那么久。

30岁：也许我们应该问问我爸的想法，毕竟他有丰富的人生经验。

35岁：除非我和我爸商量过，否则我是不会轻易做出决定的。

40岁：我真佩服我爸处理事情的能力，他太聪明了。

50岁：如果我爸还坐在这里和我谈论事情，认真教训我，我愿意付出一切代价。

三、生命成长中的烦恼——青春叛逆期

生命成长是一个漫长的过程，是一个认识世界、体验生活、丰富情感、形成性格、升华品质的过程，是一个曲折螺旋向上的过程。在这个过程中会出现很多“不成熟”“不适应”的状态——生命成长问题，解决好这些问题，是生命成长的必修课。

当然，每个人在生命成长过程中面对出现的问题时的态度是截然不同的。人往往要经历成长问题带来的苦恼，并顺利解决后，才能真正成长起来。接下来我们一同认识一下生命成长中的一个问题——青春叛逆期。

青少年12～18岁时会进入青春叛逆期，其自我意识和独立意识日益增强，迫切希望摆脱父母或老师的监护，特别反感父母把自己当成小孩，希望以成人的身份参与社会活动。

为了表现自己的“非凡”与“特别”，对任何事物都倾向于采用批判的态度，以使外界关注自己的独立存在；因为叛逆心理，会使用各种手段和方法来确立“自我”与外界的平等地位。这是青少年的心理过渡期，虽然说不上是一种非健康的心理状态，但当它

反应过度或过于强烈时，就是一种反常的心理。

在青春期，我们渴望自主地安排自己的生活，渴望有属于自己的空间，而爸爸妈妈过多的干预和唠叨总会让自己很厌烦，哪怕是爸妈多一句的叮咛，都觉得是一种啰唆。此时我们要学会克制自己，心情不顺要学会用正确的方法进行放松或发泄，例如听音乐，到空旷之处进行自我思考，种种植物，参加体育运动，对着天空大喊，等等。当然，如果能敞开心扉和父母互相沟通、互相理解是最好的。

叛逆期是很正常的，不用刻意去回避，但要学会正确地面对：生活中遇事要冷静，尽量克制自己的情绪，以一颗平常心去面对任何事，遇到每一件事都尝试换位思考，学着为他人着想，不要意气用事，学会忍让。经历了此过程，我们才会真正地长大、成熟，会有与众不同的收获，这是生命必经的一个过程，无须躲避，要勇敢面对。

四、生命成长中的财富——培养好习惯

习惯是一个人在长期的生活和学习中形成的一种不容易改变的行为倾向，比如在生活中，我们经常说“我习惯这么做”。而习惯看起来好像是个小事，其实却能左右人生，甚至决定命运。有人说过：思想决定行为，行为决定习惯，习惯决定性格，性格决定命运。

习惯的力量相当巨大，人一旦养成一种习惯，就会不自觉地沿着这个轨道运行。如果是好习惯，则会受益终生；反之，就会在不知不觉中被耽误。生活中很多人之所以经常失败，大都是自己的不良习惯造成的。有的人习惯酗酒，有的人习惯赌博，有的人习惯懒惰，有的人习惯说谎，有的人习惯四处占便宜，有的人习惯说脏话，有的人习惯不讲卫生，这些看似不重要的习惯，却完全可以影响人生。

虽然 3 ～ 12 岁是人形成良好行为习惯的关键期，但青春期的同学们，依然可以培养形成一些好的习惯，为我们的生命成长积累财富，让我们受益终生。好习惯可以通过有目的、有计划的训练来培养，滴水穿石的力量贵在坚持，而良好的习惯也是一步步逐渐培养起来的。好习惯是开启成功、财富的钥匙，多一个好习惯，就多一份自信；多一个好习惯，就多一份成功的机会；多一个好习惯，就多一份享受生活的能力。接下来让我们看看适合职业院校学生在日常生活中培养的一些好习惯。

1. 讲究礼貌

礼貌是同学们自我修养的体现，可以反映出一位同学素质的高低，因此培养自己有

礼貌的习惯至关重要，比如在生活中多用礼貌性用语“请”“您好”“谢谢”“对不起”等，久而久之能够灵活运用，就是养成好习惯的开端。

2. 喜爱阅读

喜爱阅读的同学会在阅读中不断丰富自己的头脑，培养独立的人格和独立的思考能力，不会人云亦云。“玻璃大王”曹德旺说自己每天必须看两个小时的书。

相关链接

富人与穷人的习惯

美国作家托马斯·科里，总想了解富人为什么富、穷人为什么穷，于是他专门做了一项研究。他花了整整5年的时间，采访了233名白手起家的富人和128位穷人，对比他们的生活，发现富人之所以富有，是因为他们有很多好习惯，这些习惯穷人不具备。科里发现：一天24小时，1 440分钟，大部分人会因工作、睡觉、饮食、交通等花费1 200分钟。而富人和穷人最大的区别，只剩下短短的240分钟。就是这240分钟包含的习惯，让这两种人走向了不同的命运。他发现88%的富人每天会至少阅读30分钟，内容以自学和自我提升类阅读为主，如：成功人士自传、个人修养或发展类书籍、历史类书籍。而普通人则习惯于娱乐，不爱看书学习。

3. 守时惜时

遵守时间，珍惜时光，是一种美德，是对自己负责任的一种表现。古往今来，时间吝啬而又公平地分给每个人一天24小时，且从不改变它的步伐。时间就是生命，鲁迅先

生曾经说过："浪费别人的时间就好比谋财害命。"一个守时的人，就是一个惜时如命的人，他会更容易到达成功的彼岸。

4. 遵纪守法

对学生来说，遵纪守法具体是指遵守校纪，遵守法律。俗话说："没有规矩，不成方圆。"青少年时期是我们人生中最重要的阶段，我们即将到需要承担社会义务和法律责任的年龄了，我们要增强法纪意识，明确是非，勿以恶小而为之，勿以善小而不为，成为遵纪守法的合格公民。虽然纪律与法律在一定范围内约束了我们，但也保护了我们的合法权益。

5. 作息规律

作息规律是指按时睡觉，准时起床，保证足够的睡眠，遵循自然和生物节律。作息有规律，可以使同学们头脑清醒，反应敏捷，精力充沛，让你的皮肤细腻有光泽，减少长痘，防止脱发，增强身体免疫力。早晨最好是在 7～8 点醒来，在 9 点前吃早饭；中午最好略微睡个午觉，能够放松身心，释放上午的压力，但尽量别趴在桌子上入睡，容易导致胃胀气；晚饭不拖过晚上 8 点，中医学认为最好晚上 11 点前入睡，尽量保证一天能有 8 小时睡眠时间。

6. 注意卫生

注意卫生包括诸多方面，如常洗澡更衣，勤刷牙洗手，保持教室桌面整洁、宿舍内务干净。保持良好的卫生习惯是我们身体健康的前提和基础，并能给别人留下良好的第一印象，如果一位同学各方面整齐干净卫生，既说明他勤劳，也反映出他对生活的积极态度。

相关链接

一屋不扫，何以扫天下

东汉有一少年名叫陈蕃，独自居住在一间房内，却不做卫生，脏乱不堪。他父亲的朋友薛勤批评他，问他为何不打扫干净来迎接宾客。他回答说："大丈夫处世，当扫除天下，安事一屋？"薛勤当即反驳道："一屋不扫，何以扫天下？"一个连房间都不愿打扫的人，当他着手办一件大事时，他必然会忽视它的初始环节和基础步骤，遗漏掉许多细节，想要顺利完成自然相当不易。

7. 科学消费

同学们要从自身实际出发，自觉地做到科学消费。消费是生活中必不可少的一部分，我们尚未成年，还不具备赚钱的能力，消费自然要科学，毕竟这都是父母用劳动换来的！那么在生活中要如何做到科学消费呢？同学们要做到以下几点：坚持适度消费，杜绝攀比消费；提倡安全消费，避免超前消费；崇尚绿色消费，抵制浪费行为。在消费中做到心里不虚荣、行为不跟风，发扬勤俭节约的优良传统美德。

8. 坚持运动

生命在于运动，运动贵在坚持。坚持运动具有强健身心、促进社会交往等多种功能。同学们正处于身体快速成长的关键期，进入职业院校后，也有较多的时间自由安排，可选择一种适合自己的体育运动并坚持下来，养成习惯，在运动中强健体魄，增加肺活量，强壮心脏，促进新陈代谢，塑身减肥。当然，运动要科学，运动前要做准备，结束后要整理放松，初始时期运动量不宜过大。

9. 健康饮食

同学们目前正处于生长发育、增长知识、提升技能的关键时期，全面均衡的饮食显得尤为重要。但在平日生活中，不少同学只注重食物口味和方便，在营养、卫生、健康方面的考虑却不够，喜欢吃一些盐、糖、油脂含量过高的食品，这些都不利于我们的健康。健康饮食应尽量做到保证三餐、按时就餐、食物多样性，多吃蔬菜水果，适量吃鱼、蛋、瘦肉，坚决不吃来源不明与变质的食物。

10. 控制手机使用时间

大部分同学进入职业院校后，开始拥有自己的第一部手机，希望同学们在兴奋之余，能控制好手机使用的时间，切勿沉迷留恋网络游戏与视频。长时间使用手机可引起记忆力衰退、注意力不集中、视力下降、易怒、烦躁等症状，特别是会影响脑部神经发育，甚至降低智力。而每天耗费在手机上的时间，总是流逝得特别快，经常超出自己的预期，这将让你的远大目标与人生理想化为泡影。当你放下手机时，你是手机的主人，而当你无节制地使用手机时，手机便成了你的主人。

同学们，不是一个人优秀了才有好的习惯，而是养成了很多好习惯，才让人变得越来越优秀。以上这些好习惯你拥有了几个，有哪些是你还没具备的，接下来你准备培养起哪些好习惯呢？

活动与分享

一、我的奋斗目标

生命成长的关键在于青年时期的奋斗，在职业院校里，同学们的学习内容与形式相对于中学有着许多不同。

请同学们认真思考自己的校园生活，写下当你毕业离开校园之时，你要实现的目标：

二、我的好习惯

结合课本提到的10类好习惯，请思考自己目前具备哪些好习惯，写下这个好习惯对你成长的帮助，并与同学们分享。

我拥有的好习惯：

这个好习惯对我的帮助：

好习惯是可以培养的，有研究显示，对大多数人而言，在经过66天的坚持之后就会养成一种习惯。希望同学们在校园生活中培养属于自己的好习惯，为生命成长积累宝贵财富。

我培养的第一个好习惯是：

我在日常生活中坚持做到：

培养好习惯贵在坚持，当然不小心漏掉一天也没事儿，毕竟一天成就不了这个过程，也毁灭不了这个过程。但从心理学角度看，这可能会带来问题。如果你真的漏掉了一天，请记住，以后要尽量坚持下去，一天都不要偷懒，因为坚持才能防止你受到打击及前功尽弃。

实践与思考

心里悄悄话

叛逆让青春期的你发出了不同的声音，如生命成长的独立宣言，但这也给父母增加了不少烦恼与焦虑，他们需要重新审视面前的你。每位同学在青春期都有过或多或少、或大或小的叛逆经历，请你回想让你印象最深刻的一次，在学完本课后尝试再次和父母交流你的想法和感受，听听父母是如何说的。

我印象深刻的叛逆经历：

现在的我对爸爸妈妈说：

爸爸妈妈听完后对我说：

欣赏与提升

1. 书籍：《你不努力，就别怪世界残酷》（沈善书）

拼搏在成长路途中的你，总会有学业、工作、生活不顺遂的时候，会疼、会哭，但回头望望，谁不是在难熬的日子里一边对自己说加油一边前进，一路厮杀一路摸爬滚打长大成熟，最后走出一条属于自己的敞亮道路。

这本书通过一个个生动的故事告诉你，永远都有人以你看不见的方式默默奋斗着。每一个故事都能给你激励，每一个人物都能给你慰藉，你要拼特色、拼努力、拼坚持，才能把成长中的伤痕活成耀眼的勋章。

2. 电影:《当幸福来敲门》

影片取材于真实故事，讲述了一位濒临破产、妻子离家的落魄中年业务员，即使在最艰难的时刻也不曾忘记自己身为父亲的责任，历尽艰辛万苦依旧奋发向上，从股市交易员成为知名的金融投资家的生命成长的故事。

感悟与收获

03 第3课　思考生命的价值

生命书签

使一个人的有限的生命，更加有效，也即等于延长了人的生命。

——鲁迅

我们活着不能与草木同腐，不能醉生梦死，枉度人生，要有所作为！

——方志敏

生命，那是自然付给人类去雕琢的宝石。

——诺贝尔

生命故事

清澈的爱，只为中国

“清澈的爱，只为中国”，这是18岁的中国人民解放军某机步营战士陈祥榕在日记本上写下的战斗口号。陈祥榕和他的战友们，把自己的青春甚至生命都献给了喀喇昆仑，是什么支撑着他们坚守在生活条件异常艰苦的祖国边境呢？让我们听听他们的故事。

陈祥榕2001年出生于福建屏南，高中毕业后想成为一名军人的梦想越来越坚定，不仅如此，他还想到祖国最艰苦的地方当兵，成为一名保家卫国的好战士。由于福建和新疆气候、环境差异较大，家人一度担心陈祥榕能否适应。在选拔面试的过程中，陈祥榕因身体条件，未能成为首选。之后，祥榕坚持每天五点起床锻炼，功夫不负有心人，他最后一刻入选了新疆边防部队。

在新疆边境，他遵守纪律，刻苦训练，践行誓言，在值勤时写下这样的日记：“面对人数远远多于我方的外军，我们不但没有任何一个人退缩，还顶着石头攻击，将他们赶了出去。”他的战斗口号是“清澈的爱，只为中国”。这就是纯真无邪的18岁的陈祥榕。班长孙涛问他：“你一个‘00后’的新兵，口号这么‘大’？”陈祥榕回答：“班长，这跟年龄没关系，我就是这么想的，也会这么做的。”

2020年6月在中印边境冲突中，当陈祥榕得知营长与连长被围攻了后，奋不顾身地迎着对手冲了上去，用身体和被砸坏的盾牌护住营长与连长，营救战友，英勇战斗，奋力反击，毫不畏惧。战斗结束清理战场时，战友们见到陈祥榕紧紧趴在营长身上，保持着护住营长的姿势，他的生命永远定格在了 19 岁。为了祖国、为了军队、为了家乡，他义无反顾、冲锋在前，直至献出了年轻宝贵的生命。

爱为何“清澈”？正是因为戍边战士把自己当作祖国的界碑，用脚步丈量国土，用生命捍卫家国，戍边生涯中风与雪的洗礼、生与死的考验，就像一个过滤器，足以滤去所有的浮躁与世俗，洗净万千铅华，只留一颗初心，这就是对这片土地、对这个国家纯粹的爱。

屏南革命烈士陵园的纪念碑上刻下了第 163 个名字，陈祥榕。让我们记住这位曾经驻守在喀喇昆仑的“00 后”边防战士。

生命是无价的，到底是什么能让这位 19 岁的青年人用生命来捍卫呢？今天让我们来共同思考生命的价值。

生命智慧

在历史长河中，每个生命都是短暂的，生命中的每个片刻都在朝死亡移动，一天一天、一步一步地接近死亡，这就是人生的真相。因此我们应该好好地珍惜生命，认识它、利用它、充实它，抓住生命的每一个瞬间，让生命散发出应有的光辉，映照出真正的价值。

什么是生命的价值？这是一个解释人类存在的目的和意义的哲学问题，但生命本身却没有价值，每个人出生时都是从零开始，经过自己的奋斗，形成千百种人生，创造亿万种价值。

有的人通过自己的努力，买车买房，家庭幸福，他觉得自己已经实现了人生价值。有的人功成名就，创造无数社会财富，造福一方，他同样觉得自己实现了人生价值。只是许多人用生命换取财富，把生命耗费在名声、权力或金钱的积累上，到了临终时才悔叹：“我只是使用了生命，而不曾珍惜生命、享受生命。”可后悔早已迟了。其实生命才是世上最珍贵的财富，所有的财富都可以失而复得，唯有生命只有一次。

面对仅有一次的生命，我们每个人都要活得充实，活得精彩，过好生命中的每一天，创造属于自己的生命价值。

一、自然中的生命价值

当美丽的蝴蝶在花丛中翩翩起舞时，你可曾想到，蝴蝶的生命来之不易。翅膀让蝴蝶能在天空中自由飞翔；可现实又是残酷的，蝴蝶在拥有翅膀的同时，也历尽了磨难。蝴蝶是由蛹化来的，当它们在蛹中挣扎时，会把体内的血液挤进翅膀。谁都帮不了它，它只能自己努力。不经过挣扎的蝴蝶是飞不起来的。在它们身上，生命被诠释得淋漓尽致，生命的价值就在于用不懈的努力去争取辉煌。

冬天的梅花因为不畏严寒所以开出了冬日最美的花朵，它有自己的价值；刚出生的雏鹰因为自己远大的理想而努力飞翔，它有自己的价值；初春的绿叶因为对生命的渴望而抽出了生机盎然的那抹绿，它有自己的价值。

大自然告诉我们，生命的价值取决于你怎么对待生命，生命可以因为你而有自己的光芒，也可以因为你而变得黯淡无光，但只要你努力过，生命之花就会为你绽放，生命的价值之光也会为你而点亮。

二、历史中的生命价值

司马迁说："人固有一死，或重于泰山，或轻于鸿毛。"这句话体现的就是生命价值有高低轻重的不同。他因为帮李陵辩护，激怒了汉武帝，遭到宫刑的惩罚。面对这场巨大的人生变故，司马迁忍辱负重，抛开个人身体上的折磨和精神上的压力，发愤图强，全身心地投入《史记》的写作之中，终于完成了这部被鲁迅誉为"史家之绝唱，无韵之《离骚》"的鸿篇巨制。著名学者余秋雨说："他以自己残破的生命，换来了一个民族完整的历史；他以自己难言的委屈，换来了千万民众宏伟的记忆；他以自己莫名的耻辱，换来了华夏文化无比的尊严。"

文天祥年少时，看见学堂中祭祀欧阳修、胡铨等人的画像，谥号都是"忠"，心生羡慕地说："如果不成为其中的一员，就不是真正的男子汉。"南宋末年，文天祥倾其家产，组成义军，抗击元军。元军强大，文天祥也毫不畏惧。尽管南宋统治者投降了元军，文天祥仍然坚持抗战。最终他不幸兵败被俘，面对敌人的威逼利诱，文天祥写下著名诗句："人生自古谁无死，留取丹心照汗青。"以此表明舍生取义，至死不渝的决心。

少年毛泽东目睹国力衰败，列强欺辱，民不聊生，他忧国忧民，毅然走出家乡，并给父亲写下一首诗："孩儿立志出乡关，学不成名誓不还。埋骨何须桑梓地，人生无处不青山。"他满怀着对国家、民族和人民的无比热爱，经过几十年的浴血奋斗，率领军民缔造了人民当家做主的新中国。

在《钢铁是怎样炼成的》中，保尔·柯察金有这样一段名言："人最宝贵的是生命，生命每人只有一次。人的一生应当这样度过：当他回忆往事的时候，他不会因为虚度年华而悔恨，也不会因为碌碌无为而羞愧；当他临死的时候，他能够说：我的整个生命和全部精力，都献给了世界上最壮丽的事业——为人类的解放而斗争。人应当赶紧地、充分地生活，因为意外的疾病和悲惨的事故随时都可能结束他的生命。”

三、社会中的生命价值

人是群居的高级生命体，每个人都生活在社会中，而人的价值同样通过社会来体现。

1. 责任体现生命价值

人与其他所有动物的一个重要的不同之处在于，人是有责任感的，人在履行义务、承担责任的过程中创造生命的价值。

人出生后，在父母的抚养和照料下咿呀学语，求学成长。在成家立业后，肩上就有了家庭的重担，家里人吃穿住行，一切消费都要在脑子里盘算，特别是遇到一些困难时，家庭生活的压力就更大了，肩上的责任就更重了。每个家庭成员都要顽强拼搏，创造更多的财富，让家庭生活美满幸福。

人在社会中的责任如此重大，将来的你能扛得住、撑得起吗？这就需要大家学会理解，看到父母身上的家庭责任，感受责任不易，体谅父母，同时锻炼自己，更好地成长，承担起自己的责任，体现自己的生命价值。生命就是这样一代传着一代，一代养着一代，薪火相传，生生不息。

2. 奉献体现生命价值

要体现生命价值，不能只为自己，而要能为他人奉献。有些人错误地认为，人不为己，天诛地灭，但有的人活着，其实已经死了，有的人死了，但是他还活着。生命是有限的，可生命中体现的奉献精神是永存的。

相关链接

生命丰碑

2020年6月，在祖国西部边陲，喀喇昆仑高原，外军公然违背与我方达成的共识，悍然越线挑衅。团长祁发宝本着谈判解决问题的诚意，仅带几名官兵前往交涉，却遭对方蓄谋暴力攻击，身负重伤；营长陈红军、战士陈祥榕突入重围营救，奋力反击，英勇牺牲；战士肖思远，突围后义无反顾返回营救战友，战斗至生命最后一刻；战士王焯冉，在渡河前往支援途中，拼力救助被冲散的战友脱险，自己却被淹没在冰河之中。

“决不把领土守小了，决不把主权守丢了！”万千戍边官兵克服极度高寒缺氧的困难，守边护边、不怕牺牲，像钉子一样牢牢钉在战位上。千里热血边关，遍地英雄屹立。

祁发宝、陈红军、陈祥榕、肖思远、王焯冉五名戍边英雄，用青春和生命践行了自己保家卫国的誓言，虽然他们当中有四人离开了我们，但是英雄的壮举、英雄的精神永远留给了我们，他们以自己的事迹告诉我们，生命的价值就在于奉献。当我们喝着饮料、吃着白米饭、吹着空调，享受这份安逸之时，请记住身强体壮、正当风华的戍边卫士，为了守卫国家献出了自己的生命。

人的一生，一定要努力丰富自己的人生经历，提升自己的人生境界。虽然生命是有限的，但是我们可以在有限的生命当中，努力实现自己的人生梦想和愿望，体现自己的生命价值，让更多的人能够感受到生命的珍贵，能够把生命的能量奉献给家人和这个时代，而不是贪图个人享乐，满足一己私欲。

完全自私自利的生命是永远没有意义和价值的，当然，并不是说一定要为了别人而活，甚至是付出生命才有价值，而是希望大家理解人活着，只要不做坑害别人的事，并且力所能及地帮助他人、奉献社会，那么就是有价值的。

3. 奋斗体现生命价值

人的一生不可能一帆风顺，必然有苦有乐，我们会因自己的需要得到满足而感到快乐幸福，也会因自己的欲望得不到满足而痛苦焦虑。当我们面对困难和挫折时，只有选择积极面对，才能体现生命的价值。

人生最大的幸福，就是奋斗，没有奋斗的人生如同没有涟漪的湖水，必将是一潭死水。在奋斗中，同学们从无到有，从弱到强，从不成熟到成熟，不断锤炼自己，感受生活的快乐与生命的价值。这是符合宇宙自然运行和发展规律的，也是符合人类社会的发展规律的，更是所有物质运动变化规律的具体体现。所以，不奋斗，就不会有真实、具体而美好的人生；不奋斗，也就不会有幸福、快乐而有价值的人生。

那些沉迷手机游戏、自甘堕落的人，那些抑郁悲观、意志消沉的人，那些虚度年华、浪费生命的人，他们远离了“奋斗”的逻辑，堕入了混沌不堪的状态。同学们要牢记：奋斗，是人生最大的财富。“幸福都是奋斗出来的”，人生价值就是从不断筑梦、追梦，最终圆梦的过程中创造出来的。

相关链接

习近平总书记给年轻人的奋斗寄语

广大青年要牢记“空谈误国、实干兴邦”，立足本职、埋头苦干，从自身做起，从点滴做起，用勤劳的双手、一流的业绩成就属于自己的人生精彩。

——2013 年 5 月习近平同各界优秀青年代表座谈时的讲话

> 广大青年一定要矢志艰苦奋斗。“宝剑锋从磨砺出，梅花香自苦寒来。”人类的美好理想，都不可能唾手可得，都离不开筚路蓝缕、手胼足胝的艰苦奋斗。
>
> ——2013 年 5 月习近平同各界优秀青年代表座谈时的讲话
>
> 有信念、有梦想、有奋斗、有奉献的人生，才是有意义的人生。当代青年建功立业的舞台空前广阔、梦想成真的前景空前光明，希望大家努力在实现中国梦的伟大实践中创造自己的精彩人生。
>
> ——2014 年 5 月习近平在北京大学师生座谈会上的讲话

活动与分享

一、影视欣赏与分享——《哆基朴的天空》

《哆基朴的天空》是一部黏土动画片，它告诉我们不要自卑，只要努力就能找到属于自己的真正价值，展示了一个成长和奉献的故事。

1. 掉落的泥土

影片中的哆基朴不知道自己从哪来，也不知道自己是谁，只能透过泥土的眼光来认识自己。而泥土原本意气风发，觉得自己很有价值，但当他落在一条陌生的路上后，他觉得一切都完了，变得恐惧未来，消极面对未知的一切，并对过去做过的事情感到后悔。

（1）你觉得泥土在害怕什么？你会害怕同样的事情吗？

（2）泥土引以为豪的是什么？是什么让他无法实现自己的价值？

（3）看完泥土的经历，请写下你的感受。

2. 飘落的树叶

影片中的落叶经历了与大树妈妈的离别，独自飞翔，漂流于天空，虽然悲伤却坦然面对，因为她认为这是人生的必然经历。

（1）飘落的树叶告诉我们人生中会遇到什么样的问题？

（2）当遇到这种情况时，你会有什么样的情绪？你会如何面对？

3. 母鸡的午餐

影片中的母鸡希望哆基朴能够成为她和她宝贝们的午餐。

（1）母鸡对待哆基朴和对待她孩子的态度是截然不同的，为什么呢？

（2）创造生命价值就必须要通过牺牲自我的方式来实现吗？为什么？

4. 飞翔的蒲公英

哆基朴希望自己的生命变得有价值，直到他遇到了蒲公英，他愿意相互合作，奉献自我，最终他与蒲公英一同实现了生命价值。

（1）你觉得哆基朴是如何创造出属于自己的生命价值的？

（2）了解了哆基朴的经历后，请思考属于你自己的生命价值，并写下来。

二、我的生命线

一条线代表你的生命，在起点写下你出生的时间，在终点写下你预测的死亡年龄。

（1）找出今天的你所处的位置，写上日期和你的年龄。

（2）在生命线上标出过去最令你难忘的两件事，愉快的放在线条上方，不愉快的放在线条下方。

事件 1：

事件 2：

（3）想象未来你最想做的五件事或想要实现的目标，并按重要程度排序。

目标 1：

目标 2：

目标 3：

目标 4：

目标 5：

（4）由于意外与疾病，以上目标需要你有所取舍，你会舍弃哪些、保留哪些呢？请做出选择，并写下你的理由。

实践与思考

我的生命价值观

生命价值观指的是个人在自己生命中，认为哪些事物、理想、信念是最有价值，必须坚持、不可放弃的。在面对生命历程中个人与社会、现实与理想、付出与收获、身与心、生与死等一系列选择时，人们总是有所取舍、有所好恶的，对于赞成什么反对什么、认同什么抵制什么，总会有一定的标准。生命价值观就是人们从价值角度考虑人生问题的根据。

生存选择：

假设地球上发生了核战争，人类将要灭亡。有一个核保护装置，只要进入其中就能生存下去，但由于空间、空气、水等条件限制，这个装置只能容纳7人，现在有10个人来到你面前，你选择让谁生存下去，让谁面对死亡呢？

我的选择：

1. 小学教师
2. 怀孕的妇女
3. 足球运动员
4. 12岁的小女孩
5. 优秀的警察
6. 著名作家
7. 优秀的外科医生
8. 年长的厨师
9. 高人气的演员
10. 患病的老人

我的理由：

欣赏与提升

1. 书籍：《此生未完成》（于娟）

复旦青年女教师在生死边缘写下的病中日记，包含了她对生死、朋友之情、夫妻之爱、母子之恋、师生之交的感悟，作者在生命尽头那种发自内心的真挚叙述，让人感触良多。

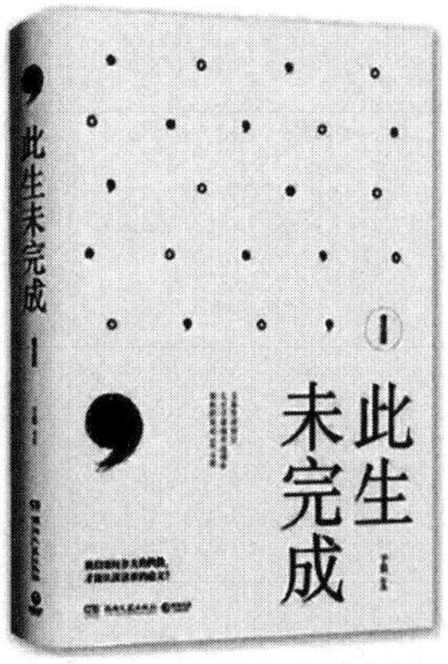

2. 视频：《向戍边英雄致敬》(《人民日报》)

从来没有什么岁月静好，只不过有人在为我们负重前行，广大边防官兵就是这样一群在用生命为我们负重前行的人，他们始终都是这个时代最可爱的人。正是因为有了这样一批热爱和平、忠于使命、捍卫正义的英雄官兵，我们的国家才有力量、有底气，我们的人民才有幸福、有安宁。崇尚英雄、学习英雄、捍卫英雄、关爱英雄的优良传统，任何时候都不能丢。

感悟与收获

第二章

CHAPTER 2

生命与自我

04 第4课　我的情绪我做主

生命书签

怒不过夺，喜不过予。

——荀子

世界如一面镜子：皱眉视之，它也皱眉看你；笑着对它，它也笑着看你。

——塞缪尔

生命故事

曾经有人做过这样一个实验：两只同窝出生的小羊在同样的条件下喂养，唯一不同的是，其中一只小羊旁边拴着一只狼。结果这只小羊在极度恐惧与过度焦虑的消极情绪下，越来越瘦弱，不久就死了；而另一只没有狼“陪伴”的小羊却健壮地成长着。时时能看到狼的小羊在整个实验过程中，时刻处于紧张、焦虑、恐惧中，这些都是消极的情绪，对生物机体有重大的影响。同样，当人拥有消极的情绪时，消极情绪的特征就会体现在他的行为中，使他的行为也变得消极。

生命智慧

每个人都有过兴奋、失落、激动、悲伤等体验，这些感受都称为情绪。

一、认识情绪

人类最基本的情绪包括喜怒哀惧，即快乐、愤怒、悲哀、恐惧。

情绪的表现包括内心体验、表情和生理反应。

当你被别人当众羞辱时，你感到愤怒；受到别人的赞赏时，你感到高兴，这就是情绪的内心体验。当你愤怒的时候，两眼圆睁，表现出一种气愤的面孔；当你高兴的时候，眉开眼笑，这就是表情。而情绪的生理反应是指在情绪发生时，有

机体内部呼吸系统、循环系统、消化系统、外分泌腺、内分泌腺及其代谢过程等发生的相应变化。如满意或愉快时，心跳正常，通常会使胃液、唾液的分泌增加，胃肠蠕动加强；暴怒时，心跳加快，血压升高，血糖增加。在情绪的生理反应中，泪腺是较容易观察到变化的外部腺体，汗腺在情绪发生时也有明显变化。

二、区分情绪

情绪的分类方法有多种，最简单的分类方法是把情绪分为积极情绪与消极情绪。对人的行为起到促进和增力作用的情绪是积极情绪，如兴奋、喜悦的情绪体验可以提高人的活动效率；而对人的行为具有削弱和减力作用的情绪就是消极情绪，如抑郁的心境、悲伤的心情、过分的紧张会降低人的活动效率，对我们的生活和行为产生消极的影响。

三、情绪 ABC 理论

美国心理学家埃利斯认为，情绪不是由某一诱发性事件本身所引起的，而是由经历了这一事件的个体对这一事件的解释和评价所引起的，这一理论被称作情绪 ABC 理论。

A（Activating Event）是指诱发性事件；

B（Belief）是指个体在遇到诱发性事件之后相应而生的信念，即他对这一事件的看法、解释和评价；

C（Consequence）是指特定情景下，个体的情绪及行为结果。

通常人们认为，人的情绪反应是直接由诱发性事件 A 引起的，即 A 引起了 C。情绪 ABC 理论则指出，并非诱发性事件 A 直接引起症状 C，A 与 C 之间还有中介因素在起作用，这个中介因素就是人对 A 的信念、认知、评价或看法，即信念 B。换言之，诱发性事件 A 只是引起情绪反应的间接原因，而个体对刺激情境的认知、解释和评价才是引起情绪反应的直接原因。

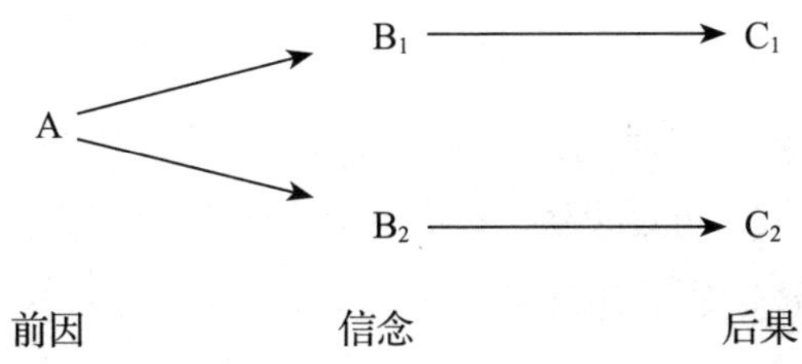

结论：事件本身并不影响人，人们只受对事件看法的影响。

因此，情绪ABC理论认为真正引发人快乐、愤怒等情绪反应的不是事件本身，而是人的信念系统，是人对这件事情的解释。相同的一件事，不同的认知会产生不同的情绪体验，合理的想法，会使人产生积极的情绪。

因此，我们非常有必要学会运用情绪ABC理论，以更有效地调节负面情绪。在现实生活中我们可能改变不了别人，改变不了周围的环境，但我们可以改变理解事情的角度，用积极的态度面对和处理负性事件。

四、正确处理消极情绪

坏情绪是会传染的，我们要学会正确处理消极情绪的方法。

1. 转移注意法

转移注意法是指把注意力从引起不良情绪的事情转移到其他事情上，使人从消极情绪中解脱出来，从而激发积极、愉快的情绪反应。转移注意力可以通过改变注意的焦点来实现。当我们觉得烦闷、忧伤的时候，可以做一些自己平时感兴趣的事情，例如游戏、打球、聊天、听音乐、看电影等正当而有意义的活动，这样情绪会慢慢好转。还可以通过改变环境来转移注意力。如当自己在宿舍与同学闹矛盾时，不妨到室外走一走，逛一逛优美的校园，忘却烦恼；把自己困在屋里，不仅不利于消除不良情绪，还可能会导致矛盾升级的不良后果。

2. 合理发泄法

合理发泄情绪是指在适当的场合，用适当的方式，来排解心中的不良情绪。发泄可以防止不良情绪对人体的危害。

（1）哭——适当地大哭一场。

哭是自我心理保护的一种措施，它可以释放不良情绪产生的能量，调节机体的平衡。哭是消除紧张、烦恼、痛苦的好方法。很多人哭过一场后，痛苦、悲伤的心情就会减少许多。

（2）喊——痛快地喊一回。

当受到不良情绪困扰时，不妨痛快地喊一回。通过急促、强烈、无拘无束的喊叫，将内心的积郁发泄出来，也是一种排解消极情绪的好方法。

（3）诉——向亲朋好友倾诉。

向朋友诉说也是一种良好的宣泄不良情绪的方法。把不愉快的事情隐藏在心中，会增加心理负担。找人倾诉烦恼、诉说衷肠，不仅可以使自己感到心情舒畅，而且还能得到别人的安慰、开导以及解决问题的建议。

（4）动——进行体育运动。

可以通过跑步、打球等体育活动，宣泄自己的负性能量，从而排解不良情绪。

同学们也要注意，发泄不同于放纵自己的感情，不同于任性和胡闹。如果不分时间、场合、地点而随意发泄，那么既不会调控好消极情绪，还会造成不良的后果。

3. 理智控制法

如果说情绪是汹涌的“洪水”，那么理智就是一道坚固的“闸门”。当陷入不良情绪的时候，要主动运用理智这道“闸门”的力量，控制不良情绪，防止不良后果的出现。理智控制法包括自我暗示法、心理换位法、升华法等。

（1）自我暗示法。在参加一些紧张的活动如重要的考试或竞赛前，要在心里暗暗提醒自己，沉住气，别紧张，胜利一定是属于自己的。不断地重复暗示自己，能增强自信心，从而让自己情绪冷静，避免不良情绪造成不良后果。

（2）心理换位法。即与他人互换角色、位置，站到对方的角度上想问题，也就是人们常说的“将心比心”。通过心理换位，充当别人的角色，来体会别人的情绪与思想，这样有利于防止不良情绪的产生及消除已产生的不良情绪。例如，当同学冒犯自己时，我们可以站在同学的角度想一想，可能就会觉得同学的行为情有可原。这样，不良情绪就会减弱，甚至消失了。

（3）升华法。即将消极的情绪与头脑中的一些闪光点联系起来，将痛苦、烦恼、忧愁等不良情绪转化为积极有益的行动。例如，当学习成绩不是很理想时，我们可能会情绪低落，但如果我们不甘心落后与失败，振作精神，奋起直追，这样就能把消极情绪转化为积极的行动了。

活动与分享

一、情绪抓抓抓

以同桌两个人为一组，甲同学张开手掌，手心向下，乙同学伸出食指，触到甲手心处，然后听音乐，当音乐暂停时，甲同学立刻去抓乙同学的食指，而乙同学则要迅速抽回，以防被抓住，看谁获胜。

请同学们来谈谈自己的心理感受。

二、情绪猜猜猜

请一位同学上台表演卡片上关于情绪的词语，其他同学来猜，看看谁判断得最准确，谁表演得最逼真。

三、情绪变变变

在一个清晨，你带着一个纸模型走在上学的路上，你满心欢喜地拿着自己亲手做的纸模型，相信自己努力做的纸模型一定会得到老师的表扬。就在这时突然发现，路边长椅下有张五十元纸币……

你的情绪体验与感受：

于是你把模型放在长椅上，弯腰去捡它，这时从你身后走来一个人，一屁股就坐在这个椅子上，正好坐在你的模型上了。

你的情绪体验与感受：

就在这个时候，你突然发现这是一位盲人。

你的情绪体验与感受：

分享：为什么同一件事，不同的人有不同的情绪体验？同样的事情，同样的经过，同样的细节，但为什么你的情绪体验变了？

实践与思考

请同学们练习使用情绪 ABC 理论，在遇到生活学习中不顺心的事（A）后，尝试调适自己的信念（B），避免消极的情绪（C）。

1. 校园老师认为你的头发太长，要你 1 周内剪短。

这件事我能这么想：____。

2. 你约了朋友周末外出，她说家里有事，但在朋友圈晒出了外出游玩的照片。

这件事我能这么想：____。

3. 受疫情影响，你居家隔离无法外出。

这件事我能这么想：____。

4. 同学拍摄你的“丑”照，发到班级群里。

这件事我能这么想：____。

在小组内分享自己在日常生活中调节情绪的方法，并讨论哪些是有效的、哪些是无效的，在今后的学习生活中你会选择哪些有效的方法来调节情绪。

欣赏与提升

1. 书籍：《别让坏情绪，赶走好运气》（[日] 和田秀树）

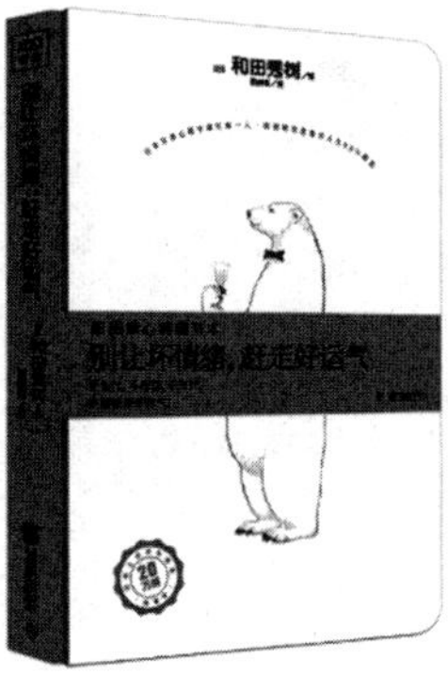

别让坏情绪，赶走好运气。

别让坏脾气毁了你，

别让自己后悔当时忍住就好了，

要知道，不生气你就赢了！

这是一本能够改善我们工作、生活、人际关系的实用心理自助读本。本书采用生活场景剧的插画形式展示了我们的心情受哪些因素影响、心情是如何变糟的又是如何变好的、心情好坏对我们身心乃至人生的影响是怎样的，形象地描绘出了那些左右我们心情的人和事，帮助我们转变思维模式、改变行为方式，从而成为一个更加健康快乐的人。

2. 视频：《阿尔弗雷德和影子》——关于情绪的短片故事

情绪是什么？情绪就像是一个小影子，无时无刻不跟我们在一起。

《阿尔弗雷德和影子》这部短片形象生动地描述了情绪的作用，帮助我们更加了解情绪，也了解如何帮助自己和他人。

感悟与收获

05 第 5 课　我的能力我探究

生命书签

挫折磨难是锻炼意志、增加能力的好机会。

——邹韬奋

天才就是无止境刻苦勤奋的能力。

——托马斯·卡莱尔

生命故事

从 1 数到 9 的男孩

在新泽西，有一个小男孩，无论老师如何努力地教，他仍然无法学会从 1 数到 10。无奈之下，老师与同事商量后，决定请他的父亲来学校一趟，好好沟通一下孩子的教育问题。当父亲得知孩子在学校竟然如此差劲时，立刻把他叫了出来，当着老师的面大声呵斥道："你这么大了，连从 1 数到 10 都学不会，将来长大能有什么用？"这个学不会 10 个数字的孩子眼珠飞快地一转，笑嘻嘻地说："我可以做一个拳王争霸赛上只需要数到 9 的裁判。"

这个小男孩的名字叫布鲁斯·富兰克林。后来他成为全美职业拳击运动史上非常优秀的裁判。

生命智慧

每个人都有与生俱来的美好特质和潜质，在任何时候都不要悲观和失望，当一条路走不通时，也许换另一条路，就通了。

一、认识能力

能力是顺利完成某种活动所必需的，并且直接影响活动效率的个性心理特征。

二、能力的类型

从小到大，在日常生活中我们需要学习各种能力。在幼儿园阶段，要学习生活技能，如穿衣、吃饭、跑步、运动；在小学阶段，要学习基础的数学、语文、科学等学科，学会学习；在初中阶段，除了学习，还要学会交朋友，这就需要人际交往能力。

1. 一般能力和特殊能力

一般能力指在不同实践活动中表现出来的比较一致的能力，包括观察力、记忆力、思维力、想象力等能力。它是人们完成任何活动都不可缺少的，是能力中最主要又最一般的部分。特殊能力是指顺利完成某种专业或特殊活动所必需的心理条件，如绘画能力、音乐能力、艺术能力、运动能力等。

2. 晶体智力和流体智力

晶体智力是以学得的经验为基础的认知能力，如人类学会的技能、语言文字能力、判断力、联想力等。晶体智力受后天的经验影响较大，主要表现为运用已有知识和技能去吸收新知识和解决新问题的能力，这些能力与教育、文化有关，不随年龄的增长而减退，只是到 25 岁以后，发展的速度渐趋平缓，并且某些技能在新的社会条件下会变得无用。流体智力与晶体智力相对应，是指基本心理过程的能力，它随年龄的衰老而减退。

三、多元智能探索

美国教育学家和心理学家加德纳（Gardner）博士 1983 年提出了一种全新的人类智能结构理论，它认为人类思维和认识的方式是多元的。加德纳认为，智力是在某种社会和文化环境的价值标准下，个体用以解决自己遇到的真正难题或生产及创造出某种产品所需要的能力。智力不是一种能力而是一组能力，智力不是以整合的方式存在而是以相互独立的方式存在的。加德纳提出，能力至少具有以下八种类型：

（1）言语语言智能：指人对语言的掌握和灵活运用的能力，表现为用词语思考，用语言和词语的多种不同方式来表达复杂意义。

（2）数理逻辑智能：指人对逻辑结果关系的理解、推理和思维表达能力，其突出特征为用逻辑方法解决问题，有对数字和抽象模式的理解力，应用数学推理解决实际问题。

（3）视觉空间智能：指人对色彩、形状、空间位置的正确感受和表达能力，其突出特征为对视觉世界有准确的感知，能产生思维图像，有三维空间的思维能力，能辨别感知空间物体之间的联系。

（4）音乐韵律智能：指人的感受、辨别、记忆、表达音乐的能力，其突出特征为对环境中的非言语声音敏感，包括韵律和曲调、节奏、音高、音质。

（5）身体运动智能：指人的身体的协调、平衡能力和运动的力量、速度、灵活性等，其突出特征为能利用身体交流解决问题，熟练地进行物体操作以及需要良好动作技能的活动。

（6）人际沟通智能：指对他人的表情、说话、手势动作的敏感程度以及对此做出有效反应的能力，表现为个人能觉察、体验他人的情绪情感并做出适当的反应。

（7）自我认知智能：指个体认识、洞察和反省自身的能力，其突出特征为对自己的感觉和情绪敏感，了解自己的优缺点，用自己的知识来引导决策，设定目标。

（8）自然观察智能：指的是观察自然的各种形态、对物体进行辨认和分类、洞察自然或人造系统的能力。

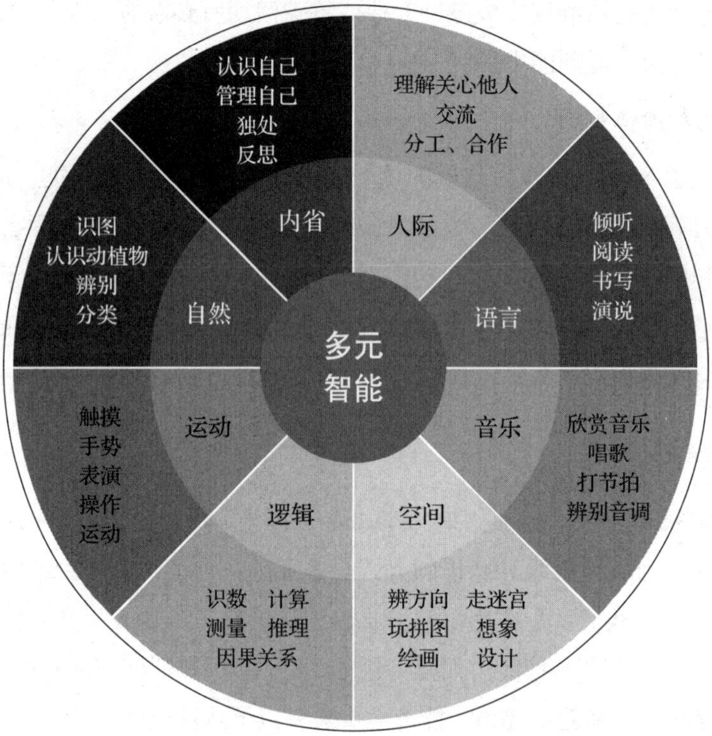

这八种智能在每个人身上以不同的方式、不同的程度组合。每个人都拥有不同的智能优势组合，单纯与其他人比较某一方面的能力优势是没有意义的。因为每种智能在每个个体的智能结构中，都占有很重要的地位。

活动与分享

一、绘制多元智能雷达图

多元智能小测试

这个小测试里共有80道题。每个题目都有五个选项，分别为“非常符合”“比较符合”“说不清”“不太符合”“非常不符合”。请按照自己的实际情况与题目所描述的情形进行比较，然后选择最符合自己的选项。

序号	题目	非常符合	比较符合	说不清	不太符合	非常不符合
1	写作能力高于/超过本年龄水平					
2	善于编故事或讲故事、说笑话					
3	善于记忆人名、地名、日期或其他琐事					
4	喜欢字词游戏（如课本上的填字游戏）					
5	喜欢看书					
6	拼写或书写正确					
7	喜欢不包含实在意义的顺口溜、双关语、绕口令					
8	喜欢听口述的语言（如：故事、收音机播放的评论、书籍讨论）					
9	词汇量大于本年龄水平					
10	与人交流时较高程度依靠语言					
11	问很多关于事物是怎样运行或发挥作用的问题					
12	喜欢与数字打交道，如做与数字有关的工作或游戏					
13	喜欢数学课					
14	感觉数学或科技游戏有趣					
15	喜欢玩象棋、跳棋或其他带有策略性的游戏					
16	喜欢解决逻辑谜题、智力谜题					
17	喜欢将物品按类别、层次或其他逻辑模式放置而不是将它们混合在一起					
18	喜欢在科学课上或自由玩耍时做实验					
19	对与科学有关的话题感兴趣					
20	在逻辑思维方面（如：推理/论证）表现出色					
21	描述的视觉图像清晰					
22	读地图、表格、图表比读课文容易					
23	做很多白日梦（白天幻想、遐想、走神）					
24	喜欢艺术活动					
25	擅长绘画					
26	喜欢看电影、幻灯片或其他形象化的内容					
27	喜欢拼图、走迷宫或类似的形象活动					
28	能构建有趣的三维立体结构（如：垒高拼装玩具）					
29	在阅读时从图画中得到的信息多于从文字中到的信息					
30	喜欢在书本、作业纸张或其他物品上乱涂乱画					
31	在一项（多项）运动中表现出色					
32	在一个地方坐的时间长了，会乱动、颤动、敲打、坐立不安					

续表

序号	题目	非常符合	比较符合	说不清	不太符合	非常不符合
33	善于模仿别人的手势或言语、行为中的特殊习惯动作					
34	喜欢拆卸物品并按原样安装起来					
35	喜欢用手去多角度触摸刚刚见到的东西					
36	喜欢跑步、跳跃、摔跤或类似的有障碍的活动					
37	显示出手工艺技巧（例如：木工活、缝纫、机械操作）或在其他方面表现出良好的动作协调性					
38	能用生动的动作表达自己（如手势、眼神、表情或其他身体动作）					
39	当思考或工作时伴随不同的身体感觉（如：思考时眼球转动，写字时手腕紧张劳累）					
40	喜欢玩黏土或其他触觉型活动（如用手指画画）					
41	当音乐听起来走调或在某方面烦人时能够觉察出来					
42	能记住歌曲的旋律					
43	唱歌时的嗓音好					
44	喜欢演奏乐器、参加合唱					
45	说话、活动有节奏感					
46	无意地哼唱给自己听					
47	学习或工作时有节奏地敲打桌子					
48	对周围环境中的声音敏感（如：屋顶的雨声）					
49	当音乐响起时反应积极					
50	喜欢唱课外学来的歌曲					
51	喜欢和同伴交往					
52	似乎是天生的领袖					
53	喜欢给有问题的朋友提供建议					
54	看起来时尚、潇洒					
55	是俱乐部、社团、组织机构或非正式同伴团体中的一员					
56	喜欢非正规地教育其他孩子					
57	喜欢和其他孩子一起做游戏					
58	有两个或更多亲密朋友					
59	富有同情心或关心他人					
60	是其他人寻求陪伴的对象					
61	显示出独立意识或坚强意志					
62	对自己的能力和弱点有清醒的认识					
63	单独玩耍或学习时表现出色					

续表

序号	题目	非常符合	比较符合	说不清	不太符合	非常不符合
64	在学习和生活风格上能适应不同的节奏					
65	有自己的兴趣或爱好，但平时较少谈及					
66	有较好的自我目标意识					
67	喜欢独立学习而不喜欢与他人一起学习					
68	能准确地表达自己的感觉					
69	能从生活的成功和失败中学习					
70	拥有良好的自尊					
71	天生喜欢在课堂闲聊中谈论自己的宠物或喜爱的场所					
72	天生喜欢去动物园、自然历史博物馆及户外旅行					
73	显示出对自然界构成的敏感（如：跟别人一起去户外时会注意到山和云；或如果在城市环境里会对诸如运动鞋或汽车款式显示出敏感性）					
74	喜欢给植物浇水并关注呵护它们					
75	喜欢在兔子笼、养鱼缸、鸟笼和其他饲养动物的地方逗留					
76	当学习生态学、自然、动物、植物时变得兴奋					
77	在班里为争取动物的权利或保护地球而呼吁					
78	喜欢做关于自然的事情，诸如观察鸟类、收集蝴蝶或昆虫、研究树木、饲养动物					
79	将昆虫、花、树叶或其他自然界的东西带到学校与同学或老师分享					
80	在涉及生态系统的话题（如自然科学中的生物话题、社会研究中的环境问题）方面表现出色					

智力名称	题号	选“非常符合”的题目数	选“比较符合”的题目数	选“说不清”的题目数	选“不太符合”的题目数	选“非常不符合”的题目数	合计
言语语言	1 ～ 10						
数理逻辑	11 ～ 20						
视觉空间	21 ～ 30						
身体运动	31 ～ 40						
音乐韵律	41 ～ 50						
人际沟通	51 ～ 60						
自我认知	61 ～ 70						
自然观察	71 ～ 80						

请同学们根据自己的多元智能测验，绘制自己的多元智能雷达图。

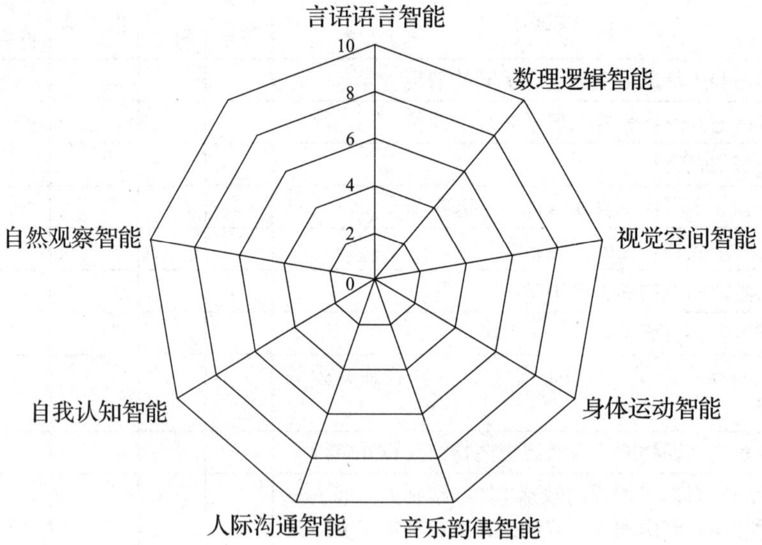

二、能力轰炸

活动规则：

1. 从多个角度、多个方面尽可能多地写下自己的优势能力。

2. 6个同学为一组，小组成员之间互评，轮番进行能力轰炸，并记录下他人对自己的“能力轰炸”。

记录1：

记录2：

记录3：

记录4：

记录5：

记录6：

每位同学所具有的能力都不可能只有一种，一定是多方面的。对于一个人来说，在他所具有的多种能力中，总有相对来说较强的能力，也有一般的能力和较差的能力，即每个人的能力都是多种能力以特定的结构组合在一起的。而在生活中，学习能力只是众多能力的其中一种，还有其他的能力有待于发现。

实践与思考

活动说明：根据以下表格内容，结合自己的实际情况，为自己制定智能发展目标，努力发挥好自己的优势智能，尽全力扩展自己的弱势智能。

智能	你的优势智能	你将扩展的智能	你将采用的方法
言语语言智能			
数理逻辑智能			
音乐韵律智能			
视觉空间智能			
身体运动智能			
人际沟通智能			
自我认知智能			
自然观察智能			

欣赏与提升

1. 书籍：《能力都是逼出来的》（[美]布兰登·伯查德）

能力引导个人通往自由之地。生活中你总要在某个时候逼自己一把，因为不逼就不能够深刻审视自己，不逼就不能发现能力边界，不逼就不能逃离困境。很多人都是在关键时刻对自己狠了一点，才突破了个人的瓶颈，突破了社会的束缚。

在这本书里，作者用诗意的文字给每个时常感到无力的现代人以慰藉，融合当代心理学以及古老的哲理智慧，为读者找到超越自我、提升潜能的方法。

2. 视频：TED 演讲《不要给自己的人生设限！》

我们往往会有“我不擅长这个”“那种事我做不来”的心理预判。格雷厄姆·肖（Graham Shaw）用画画的例子告诉我们，你看似做不到的，其实都可以做到，所谓的“不能”，只是内心的自我妨碍。其实只要相信自己，你是可以做到的。专业、天赋从来都不是捆绑你和未来的理由，不要轻易地说“不”，人生没有限制，现在就大胆去做！

感悟与收获

06 第6课　我的气质我欣赏

生命书签

人之气质，由于天生，本难改变，唯读书则可变化气质。古之精相法者，并言读书可以变换骨相。

——曾国藩

做一个杰出的人，光有一个合乎逻辑的头脑是不够的，还要有一种强烈的气质。

——司汤达

生命故事

苏联心理学家达维多娃曾用一个小故事，形象地描述了不同气质类型的人在相同事件中的不同行为表现。故事是这样的：有四个人去剧院看戏，他们都迟到了15分钟，因此检票员拦住他们，表示不能入场。

第一个人与检票员面红耳赤地吵起来，企图闯入剧院。他说："我有票，为什么不让我进？我进去看戏不会影响别人的！"第一个人精力充沛、情绪发生快而且强烈、语言动作急速而难以自制，显得直爽大胆、急躁易怒，属于心理学上的胆汁质气质。

第二个人头脑灵活，他想检票员是不会让他进入剧场的，于是自己绕了剧场一圈，发现有一个无人看管的小门，就偷偷溜进去了。第二个人情绪发生快而多变、注意力和兴趣容易转移、思维动作言语敏捷，但也往往表现出轻率，属于多血质气质。

第三个人很有耐心，他慢条斯理地与检票员磨嘴皮、阐述自己可以入场的种种理由。耐不过他的软磨硬泡，检票员最后让他进去了。第三个人安静、沉稳、情绪发生慢而弱、言语动作和思维比较缓慢，显得庄重、坚韧，但也常常表现出执拗，属于黏液质气质。

第四个人首先责怪自己今天出门太拖拉了，也感觉自己运气不好，难得出来看戏就碰上这种事，决定返程回家。第四个人柔弱易倦、刻板认真、情绪发生慢而强、言行迟缓、胆小忸怩、善于觉察别人不易觉察的细小事物，属于抑郁质气质。

通过以上故事，我们会发现面对同样的事件，不同气质类型的人的行为反应差别很大。你认为自己更像是哪一类人呢？你觉得哪种气质类型更好？

生命智慧

以上故事中的四人，每个人都有自己的“性子”，每种“性子”就是一种独特的气质。不同气质类型的人在同一环境中，会表现出不同的心理状态和行为特点。任何一种气质类型都有它的优点和缺点，没有绝对的好坏之分。

一、认识气质

气质指个人心理活动的稳定的动力特征，即个体经常地、典型地表现于心理过程的速度、强度、稳定性、灵活性及指向性等方面的动态特征。人的气质差异是先天形成的，受神经系统活动过程的特性所制约。孩子刚一落生时，最先表现出来的差异就是气质差异，有的孩子爱哭好动，有的孩子则平稳安静。气质是我们每个人身上最早出现的个性特征。

比如，在人与人的相处中，有人两句未完就暴跳如雷，进而拳脚相加；有人沉默寡言，老成持重；有人活泼可爱，聪明伶俐；有人孤僻古怪，谨小慎微。又比如，在日常生活中，我们可以看到无论做什么事情、在什么地方，有些人总是活泼好动，反应灵活；有些人总是很安静，反应缓慢；有些人总显得十分敏感、急躁；有些人总是很稳重、沉着。

二、气质类型

人的气质可分为胆汁质、多血质、黏液质和抑郁质。

1. 胆汁质

这种气质类型的人感受性较弱，耐受性、敏捷性、可塑性较强，精力旺盛，敏捷果断，兴奋比抑制占优势。行为表现直率热情、反应迅速、行为敏捷。在言语、表情、姿势上都有一种强烈的热情，在克服困难上有坚忍不拔的劲头。智力活动具有极大的灵活性，但理解问题有粗枝大叶不求甚解的倾向。

2. 多血质

这种气质类型的人具有很强的耐受性、兴奋性、敏捷性和可塑性，反应速度快，感受性较弱。情绪易表露，也易变化，敏感性强。在行为上，这种气质类型的人热情、活泼、敏捷、精力充沛，适应能力强，善于交际，常能机智地摆脱窘境。他们思维灵活，主意多，常表现出机敏的工作能力和较高的办事效率，对外界事物有广泛的兴趣，个性具有明显的外向性，易适应环境，善交际，但往往粗心大意、情绪多变、兴趣易转移、轻率、散漫等。其显著特点是灵活性强、外倾明显。

3. 黏液质

这种气质类型的人感受性弱，敏捷性、可塑性、兴奋性也弱，但耐受性强。行为表现缓慢、沉着、镇静、有自制力、有耐心、刻板、内向。他们不易接受新生事物、不能迅速地适应变化了的环境，与人交往适度、情绪平稳。喜沉思，在做任何工作之前都要细致考虑。能坚定执行已做出的决定，不慌不忙地去完成工作。但往往固执、保守、精神怠惰、缺乏生气、动作迟缓。其显著特点是安静、内倾。

4. 抑郁质

这种气质类型的人感受性很强，往往为一点微不足道的事而动感情，耐受性、敏感性、可塑性、兴奋性都很弱。善于观察到别人不易察觉的细节，富有同情心。行为表现孤僻，动作缓慢，很少表现自己，尽量避免出头露面的活动，避免同陌生的、刚认识的人交际。在新的环境下，他们容易惶惑不安，在强烈和紧张的情形下容易疲劳，在熟悉的环境下表现很安静，动作迟缓、软弱。他们具有高度情绪易感性，情绪体验方式少，但体验深刻、强烈而持久且不显露。其显著特点是敏感、孤僻、缺乏自信心、内倾。

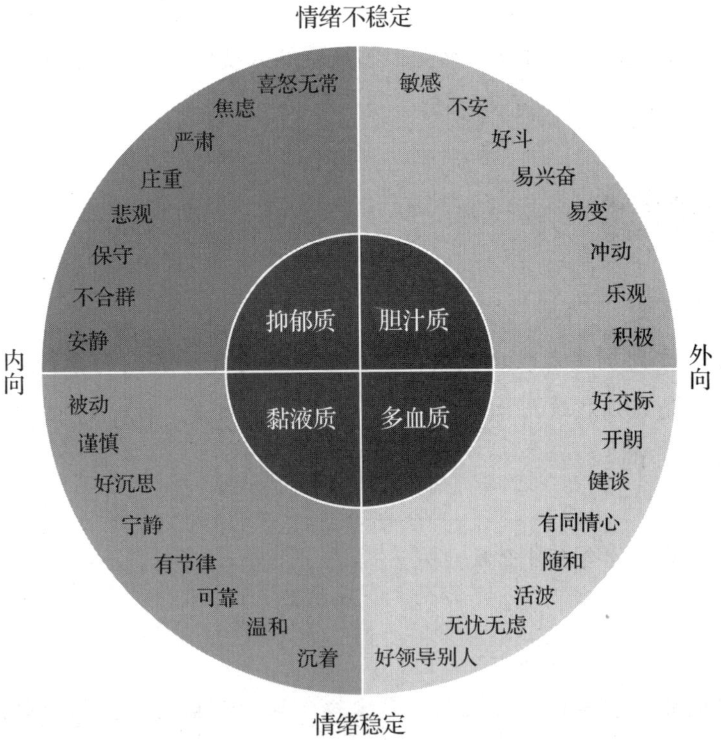

《西游记》里师徒四人有截然不同的气质。孙悟空是典型的胆汁质，不服管教，追求成为英雄，有时太急躁。沙和尚是黏液质的气质类型，他中庸，以和为贵，一直挑着担子，从来不抱怨，有平衡的能力，不会拒绝，但这样的人往往会很累。猪八戒则是属于多血质，他活泼、欢乐、轻松、不执着、不爱钻牛角尖，属于表演型人格，比较浮躁。而唐僧是抑郁质，完美主义者，有理想化的倾向。

三、气质的特点

人的气质千差万别，并无好坏之分。人的气质类型主要是由遗传决定的，而且在人的一生中，气质是相对不变的。我们在日常生活中也会遇到这四种气质类型的典型，但毕竟是少数。大多数人的气质或近似于某种气质类型，或是多种气质类型的混合，即混合型。

每一种气质的人都有可能取得成功。气质对我们的职业选择有指导作用，每一种气质类型的人都有适合的职业。例如多血质的人适合外交、公关、管理、律师、公安干部和演员等职业；胆汁质的人适合外事接待人员、娱乐节目主持人、推销员、导游或演员等职业；黏液质的人适合从事有条有理、安静和要求持久能力的工作，如法官、外科医生、播音员、会计、管理人员等；抑郁质的人适合从事电脑操作、绘画、雕刻、刺绣、心理咨询等工作。

我们要学会相对地控制气质的消极面，发扬气质的积极面，扬长补短，形成良好的个性。例如胆汁质的人要学会说“我错了”，会道歉，适度示弱；多血质的人不要过多地自我表现，学会停下来问问对方的感受；黏液质的人要学会拒绝他人；抑郁质的人不要太过分追求完美，不要忘了初心和宗旨。

活动与分享

一、情景应变

有一个人要到剧院看歌剧表演，这是他费尽力气才弄到的票，表演者是一位大师，而且这是大师在这个城市的最后一次演出。可是，他迟到了。在剧院门口，他被检票员拦住了。

问题：

1. 如果是你，你会有什么反应呢？

2. 如果是张飞、李逵、王熙凤、薛宝钗、林冲和林黛玉，你觉得他们分别会有什么反应呢？请在括号里填上你认为正确的名字。

（　）和检票员争吵起来，企图闯入剧院。向检票员辩解说，剧院里的钟快了，进去看戏不会影响别人，并且企图推开检票员闯入剧场。

（ ）面对这样的情况立刻明白，检票员是不会放自己进入剧场的，不如在前厅来回溜达，趁检票员一不留神，就从侧面楼道跑进演出大厅。

（ ）看到检票员不让进入剧场，心里对自己说："第一场不精彩，我在小卖部等一会儿，幕间休息时再进去。"

（ ）嘀咕："我运气真不好，偶尔看一次戏，就这样倒霉。"接着就沮丧地回家去了。

3. 请你说出班上具有典型气质类型的同学。

二、气质自测量表

该量表共有60道题目。在回答下列问题时，如果问题内容完全符合自己的情况，就计2分；如果比较符合，就计1分；介于符合与不符合之间的，计0分；不大符合，计–1分；完全不符合的，计–2分。回答时不要考虑应该怎样，而只回答你平时是怎样的。注意不要花过多时间去考虑。在回答时，记清题号及该题的相应得分。

题目	完全符合2分	比较符合1分	符合与不符合之间0分	不大符合–1分	完全不符合–2分
1. 做事力求稳妥，不做无把握的事					
2. 遇到可气的事就怒不可遏，把心里话全说出来才痛快					
3. 宁肯一个人干事，不愿很多人在一起					
4. 到一个新环境很快就能适应					
5. 厌恶那些强烈的刺激，如尖叫、噪声、危险镜头等					
6. 和人争吵时，总是先发制人，喜欢挑衅					
7. 喜欢安静的环境					
8. 善于和人交往					
9. 羡慕那种善于克制自己感情的人					
10. 生活有规律，很少违反作息制度					

续表

题目	完全符合2分	比较符合1分	符合与不符合之间0分	不大符合-1分	完全不符合-2分
11. 在多数情况下情绪是乐观的					
12. 碰到陌生人觉得很拘束					
13. 遇到令人气愤的事时，能很好地自我克制					
14. 做事总是有旺盛的精力					
15. 遇到问题常常举棋不定，优柔寡断					
16. 在人群中从不觉得过分拘束					
17. 情绪激昂时，觉得干什么都有趣；情绪低落时，又觉得干什么都没意思					
18. 当注意力集中于某一事物时，别的事很难使我分心					
19. 理解问题总比别人快					
20. 碰到危险情景，常有一种极度恐惧感					
21. 对学习、工作、事业怀有很高的热情					
22. 能够长时间做枯燥、单调的工作					
23. 符合兴趣的事情干起来劲头十足，否则就不想干					
24. 一点小事就能引起情绪波动					
25. 讨厌做那种需要耐心细致的工作					
26. 与人交往不卑不亢					
27. 喜欢参加热闹的活动					
28. 爱看感情细腻、描写人物内心活动的文学作品					
29. 工作学习时间长了常感到厌倦					
30. 不喜欢长时间谈论一个问题，愿意实际动手干					
31. 宁愿侃侃而谈，不愿窃窃私语					
32. 别人说我总是闷闷不乐					
33. 理解问题常比别人慢些					
34. 疲倦时只要短暂地休息一下就能精神焕发，重新投入工作					
35. 心里有话宁愿自己想，不愿说出来					
36. 认准一个目标就希望尽快实现，不达目的誓不罢休					
37. 学习、工作同样一段时间后，常比别人更疲倦					

续表

题目	完全符合 2 分	比较符合 1 分	符合与不符合之间 0 分	不大符合 –1 分	完全不符合 –2 分
38. 做事有些莽撞，常常不考虑后果					
39. 教师或师傅讲授知识、技术时，总希望他讲慢些，多重复几遍					
40. 能够很快地忘记那些不愉快的事情					
41. 做作业或完成一件工作总比别人花的时间多					
42. 喜欢运动量大的剧烈的活动，或参加各种文艺活动					
43. 不能很快地把注意力从一件事转移到另一件事上去					
44. 接受一个任务后，就希望迅速把它完成					
45. 认为墨守成规比冒风险好些					
46. 能够同时注意几件事物					
47. 当我烦闷的时候，别人很难使我高兴起来					
48. 爱看情节起伏跌宕、激动人心的小说					
49. 对工作抱着认真严谨、始终如一的态度					
50. 和周围的人总是相处不好					
51. 喜欢复习学过的知识，重复做已经掌握的工作					
52. 希望做变化大、花样多的工作					
53. 小时候会背的诗歌，似乎比别人记得更清楚					
54. 别人说自己“出语伤人”，可自己并不这样觉得					
55. 在体育活动中，常因反应慢而落后					
56. 反应敏捷、头脑机智					
57. 喜欢有条理而不很麻烦的工作					
58. 兴奋的事常使自己失眠					
59. 老师讲新概念，常常听不懂，但是弄懂以后就很难忘记					
60. 假如工作枯燥无味，马上就会情绪低落					

计分方法：计算下列表格中各个类型所对应题目的得分之和。

1. 在四种气质类型中，如果某一栏的得分超过 20 分，而其他三栏得分较低（均小于 20 分），则为该气质类型的典型。

2. 如果某一种气质的得分小于 20 分，但比其他三种的得分明显高（高 4 分以上)，则可定为该种气质。

3. 如两种气质的得分接近（两者之差不超过 3 分）而又明显高出其他两种（高出 4 分以上)，则可定为两种气质的混合型。

4. 如果三种气质均高于第四种，且得分互相接近，则为三种气质的混合型。

我的气质类型是：

得分	题号	气质类型
	2、6、9、14、17、21、27、31、36、38、42、48、50、54、58	胆汁质
	4、8、11、16、19、23、25、29、34、40、44、46、52、56、60	多血质
	1、7、10、13、18、22、26、30、33、39、43、45、49、55、57	黏液质
	3、5、12、15、20、24、28、32、35、37、41、47、51、53、59	抑郁质

实践与思考

我是谁

请同学们以“我是……”的句型，写下 10 句关于自己气质的描述，可以是直接明确的描述，也可以是比喻句。

1. 我是：

2. 我是：

3. 我是：

4. 我是：

5. 我是：

6. 我是：

7. 我是：

8. 我是：

9. 我是：

10. 我是：

欣赏与提升

1. 书籍：《气质》（[美] 马登）

我们总是期待能成为更好的人，也期待与更好的人在一起。《气质》这本书正是想要与你谈谈如何成为更好的人。

《气质》一书的作者，是美国大师级人文励志作家奥里森·斯威特·马登。他一生经历坎坷而传奇，就像是一本励志小说。《气质》一书是马登的代表作，也被美国《出版周刊》等媒体誉为探讨“气质”的经典著作。

2. 视频：《四种气质类型，你是哪一种？》

该视频对于四种气质类型的相关特征进行了具体的描述，包括每种气质类型的优势和劣势。了解这四种类型的“里里外外”，会让你有更清晰的自我认识，也能帮助你更好地理解身边的人。

感悟与收获

第三章

CHAPTER 3

生命与相处

07 第 7 课 感谢父母之恩

生命书签

父母者，人之本也。

——司马迁

孝子之至，莫大乎尊亲。

——孟子

在这个世界上，我们永远需要报答的最美好的人，就是母亲。

——奥斯特洛夫斯基

生命故事

肖思远烈士向母亲表达永远的爱意

1996 年出生的肖思远，是河南省新乡市延津县石婆固镇东龙王庙村人，曾在河南农业职业学院 14 级汽修 3 班就读。从小就立志报效祖国的他，在外军企图凭借人多势众迫使我方退让时，为了保卫国土壮烈牺牲了。在母亲眼里，儿子思远最喜欢和父亲聊天。“就是闲聊，基本上每天都打视频电话。”思远的父亲记得一次视频聊天时正赶上吃饭，看到家里吃的饭菜，思远说：“爸，你们吃这可不中啊，我把我的工资都给你，你们可不能不舍得吃！”“思远从小就知道心疼人！”思远的父亲还记得儿子参军前，每次从学校回到家，总是抢着干农活。“那时候有十六七岁吧，看着我在地里浇地，非得替我浇，把我撵回家里。”

即使远在部队，他仍然不忘在每个母亲节为母亲送来祝福。至今，母亲的床头仍然摆着 2019 年母亲节时他送的一份特别的礼物——用弹壳在装满花朵的礼盒内摆出了 520 的图案，这个带着军旅色彩的礼盒一直被妈妈珍藏。在思远牺牲前的最后一个母亲节前夕，思远给母亲微信转账 520 元，祝母亲节日快乐。

生命智慧

父母的爱，犹如连绵的山脉，犹如清澈的泉水。悠悠高山，代表了父母博大的胸襟；涓涓流水，代表了父母无私的关爱。

一、感恩父母

1. 感恩父母给了我们生命

父母赐予了我们生命，从此我们便成了彼此生命中最重要的人。自从我们呱呱坠地以来，父母便有了新的身份，他们不再仅仅是自己，还是“妞妞妈妈”“阳阳爸爸”，他们牵着我们的手从此进入新的角色。他们也是第一次当父母，面对软绵绵的小婴儿，他们也在摸索怎么帮孩子洗澡、穿衣服。他们会因为孩子第一次会爬、会站、会走、会笑、会叫爸爸妈妈而惊喜万分。感谢父母给予我们生命，让我们有机会经历人间的悲欢离合、品尝生活的酸甜苦辣、享受人生的各种美好。

线上学习

通过网络搜索，观看《子宫日记》，本片用高超的科技给我们呈现了一个完整的生命由开始到诞生的过程，详细介绍了我们在妈妈肚子里的生长过程。

2. 感恩父母抚养我们长大

父母在赋予我们生命的同时，也给了我们最温暖的爱。小时候我们总是撒娇让父母抱抱，他们的怀抱就是最安全的港湾，我们曾经多么依赖父母、信任父母，好像没有什么事情是他们处理不了的。无论岁月如何轮回、世事如何变迁，唯有父母对子女的爱是最纯粹的，他们不辞辛苦地把我们抚养长大，我们要怀着一颗感恩的心，好好回馈父母。

3. 感恩父母培育我们成才

生来容易，教育很难，父母用他们的青春，乃至一生在培育我们。母亲用她那慈爱的目光伴随我们成长，父亲用他那威严的眼神教会我们做人的道理。随着年龄的增长，我们的自我意识慢慢增强，好像我们懂的越来越多、会的越来越多，父母有点跟不上我们的脚步了，我们在嫌弃父母唠叨、嫌弃父母不理解我们的时候，有没有想过，曾经，是他们放慢了脚步，在等着我们成长。父母养育我们，教会我们做人的道理，希望我们的人生可以过得更好。他们希望我们少玩手机多看书，希望我们努力学习改变命运；他们鼓励我们勇敢坚持，朝着心中的目标前进；他们支持我们的决定，包容着我们的不足，分享我们的欢乐。父母的爱是我们一生最大的幸福，是我们永远的财富。

二、与父母相处之道

同学们，随着我们慢慢长大，大家对独立的渴望越来越强烈，加上成长环境和经历的不同、年龄的差距，我们与父母之间的矛盾时有发生。不少同学表示，与父母争吵过后，自己也后悔，可是又不懂如何来化解矛盾，下面就给大家介绍几种方法，帮助大家建立良好的亲子关系。

1. 掌握有效的沟通技巧

很多时候，我们与父母的沟通是他们说了，而我们没听进去，我们要解释，又被视为顶嘴，久而久之，我们的沟通就是失败的。对此，大家要根据家庭实际情况找到合适的沟通技巧。

2. 耐心聆听父母的唠叨

到了青春期，虽然我们的独立意识有了较大的发展，但很多重要决策还是要寻求父母的意见，我们要有正确的自我认识，要意识到虽然我们能解决很多事情，可是还有更多事情是我们不能解决好的，因此，父母很多时候的唠叨并不是没有道理。

3. 用“信息表达”代替“情绪发泄”

其实，很多时候，我们与父母的争吵并不是在解决问题，而是在发泄情绪，发泄情绪引发的争论只会让原本想要解决的问题不了了之。我们可以用语言清楚地表达自己的感受，告诉父母我们的想法以及希望父母怎么做，而不是用语气、态度、行为来发泄负面情绪。

4. 信任父母

心理学上有个游戏叫“信任背摔”，即父母站在孩子身后，孩子不能回头看，如同躺到床上一般往后躺，相信身后的父母会安全地把自己接住。如果孩子可以与父母轻松地完成这个游戏，就说明他们对父母是绝对信任的。我们要像小时候一样信任父母，理解父母的所思所想，这样才能建立良好的亲子关系。

三、共建幸福家庭

家庭的幸福程度会影响我们生活的方方面面。作为孩子，我们是家庭的良好调和剂；

作为年轻人，我们有更新的思想、更多的创意。所以，我们应该积极主动地为创建幸福家庭出力。下面几种方法可以帮助我们建设幸福家庭，提升家庭幸福感。

1. 尊重父母、孝敬父母

不管我们长多大，父母永远是我们的长辈，尊重父母是最基本的孝道，我们要继承和发扬中华民族的传统美德，在任何时候都要尊老爱幼，孝敬父母。

2. 承担家庭责任

我们要学会承担家庭的责任，比如做家务。家务可不是妈妈一个人的事，而是全家的事，我们要学会分工，共同承担，不仅要自己做，也要动员父亲一起做。

3. 多组织亲子活动

我们是家庭的活跃分子，总有很多的创意可以来营造快乐的家庭氛围。大家要多动脑筋、多观察，在重要节日或家庭成员的生日，用心组织亲子活动，可以有效增进家庭成员之间的关系。

4. 努力奋斗，做好本职工作

我们的本职工作就是学习，大家要充分认识自己，分析自己的学习行为习惯和学习现状，自觉努力查缺补漏，合理安排学习时间，争取在升学考试中，取得满意的成绩。

古人云："施人慎勿念，受人慎勿忘。"父母给予我们的爱是不求回报的，但是我们要时刻怀着感恩的心，感恩父母对我们的关怀，感恩父母对我们的教育。感恩是一种生活态度，是一个人与生俱来的本性。带着感恩的态度去生活，你就更能理解父母的用心，尊重父母的想法，感受父母的爱意。

活动与分享

一、我的月账单

我一个月的生活费是：__________，这些钱来自__________。

在这个月里，我将这些钱用在了：

1. 伙食花了 _____。
2. 服饰花了 _____。
3. 娱乐花了 _____。

4. 交通花了 ____。

5. 其他花了 ____。

采访父母，了解他们平时的工作内容。为了赚到我们一个月的生活费，他们需要做哪些工作？

二、我的孝敬计划

很多人把他们人生中的第一份工资用在了父母身上。有的是给父母买礼物，有的是包成红包送给父母，还有人为父母安排了一次旅行，这不仅是孝顺，同时也是告诉父母我们真正长大了，有能力养家人了。如果是你，你会怎么用自己的第一份工资呢？制订一份详细的孝敬计划，并在班级里分享。

首月工资	用在父母身上	留给自己
元	元	元

用在父母身上的钱，你想如何分配呢？

实践与思考

从小到大，我们吃了无数父母亲手做的饭菜，而你为父母下过厨吗？请利用周末的时间，为父母准备三菜一汤，从买菜、洗菜到做菜的过程都要独立完成，并用文字和照片记录父母吃到你所做饭菜时的表情和感受，同时记录自己完成该任务的难点和感触。

欣赏与提升

1. 书籍：《妈妈的哨声》（[美] 杰瑞・斯皮内利）

母亲叫孩子回家吃饭的哨声，被抽象成母爱的丝带，环绕着孩子和母亲，融通了家和世界。无论孩子们远行到了何处，他们都会知道精神的轴心在哪里，都会感恩妈妈的爱的哨声，怀念回家吃饭的幸福。

2. 电视剧：《都挺好》

苏家三个孩子用他们的真实行动告诉我们孝顺的重要性，一个人能够孝敬老人，他才有可能去做一个更好的人。

感悟与收获

08 第8课　感动同伴之情

生命书签

人生得一知己足矣，斯世当以同怀视之。

——何瓦琴

世间最美好的东西，莫过于有几个头脑和心地都很正直、严正的朋友。

——爱因斯坦

生命故事

愿得花枝同载舟——关爱

别了父母，离了家乡，我孑然一身来到外地读中专。陌生的面庞，晦涩的课程，连异乡的花香似乎都比故乡少了一分温柔，多了三分冷漠。不知是不是因为“孤单年少岁月长”的愁思浸染了心绪，开学几周后我就不幸经受了感冒的摧残。晚自习时我趴在课桌上，有气无力地呻吟。“你怎么了？脸色这么难看，要不要我们送你去医务室？”不知何时，身边已围上来几位同学，皆是用温柔的语气嘘寒问暖。“好像有点发烧呢，我去帮你打一杯开水。”同桌利索地抓起我的水杯，向饮水机奔去，不一会儿一杯温开水便摆在了我桌上。那股暖意自舌尖蔓延到心头，心弦一动，泪便落了下来。

原来是我把自己封闭在“无可奈何花落去”的回忆里无法自拔，忽略了身边同学对我的关爱，忽略了新校园也有风面清圆、叶嫩花初。愿这一缕关爱的花香，唱尽繁华，唱褪梦魇，唱断所有忧伤的来路。

生命智慧

一滴水的力量是很薄弱的，但所有的水滴聚集在一起就汇成了气势磅礴的大海。人也是如此，我们生活在社会中，离不开同伴的支持与陪伴。同伴在我们的生活中，起着十分重要的作用，他们和我们同风雨、共成长，同患难、共享乐。

一、感谢同伴

1. 感谢同伴给予我生活中的关心

在忙碌的岁月里，在茫茫的人海中，缘分让我们走到一起，从互不相识的陌生人成为亲密无间的伙伴。初到一个集体，当我不知所措时，是热情的同伴幽默地化解尴尬，让我找到了归属。生活中出现烦心事时，是同伴的火眼金睛识破我内心的忧愁，为我排忧解难。与朋友发生矛盾时，是同伴架起友谊的桥梁，连接你我，让我们重归于好。

线上学习

通过网络搜索，观看友情动画短片《尘埃伙伴》。在片中，微小的尘埃被拟人化，看到同伴们被吸尘器吸进去，灰色毛球鼓起勇气，想办法救出了同伴，它们与主人的吸尘器斗智斗勇，最后成功地战胜吸尘器，开心地相聚在一起。

2. 感谢同伴给予我学习上的帮助

我们在浩瀚的宇宙中，如同大海里的一滴水，只有聚集在一起，才能汇成一条河。同伴在学习上给了我莫大的帮助，当遇到难题一筹莫展时，是同伴一遍一遍不厌其烦地耐心讲解，直到我豁然开朗。我们共同战胜困难与挫折，共同品尝学习上的成功与喜悦，共同进步。

3. 感谢同伴给予我情感上的安慰

正值青春期的我们，与同伴在一起，总有说不完的话，聊不完的事。同伴成了分享秘密、分担烦恼的对象。同伴更能站在同龄人的角度分享我的快乐，分担我的忧愁。同伴之间，不需要太多的语言，一个眼神、一个微笑、一个拥抱，便能让我在迷茫的世界中，找到情感的方向，找到内心真正的自己。

二、学会交友之道

同伴是我们生命中不可缺少的财富，他们给我们带来了温暖，带来了安慰，带来了很多家人无法替代的情感。我们应该学习掌握交友的技巧，使自己能够与同伴更好地相处。

1. 倾听朋友的诉说

当你的朋友遇到挫折、遇到烦心事的时候，要耐心倾听朋友的倾诉，所谓“与人分担，忧愁减半”，就是这个道理。

2. 尊重他人

朋友之间是平等的关系，友谊是一种纯粹的情感，与朋友相处时要尊重他们，朋友也才会同样尊重你。

3. 接纳他人

正如同世界上没有两片一模一样的树叶，我们与朋友来自不同家庭，有不同的成长环境，想法和行为都有很多不同，要接纳朋友的优缺点，与朋友共同成长。

4. 信任他人

与朋友相处要真诚，同时，我们也要相信自己的朋友，信任是保持友谊的一剂良药。

5. 交往有度

每个人心中都有不想让别人触及的地方，不能错误地认为朋友之间没有秘密，所谓距离才能产生美，朋友之间要允许距离的存在。

相关链接

敞开心扉，收获友谊

小林是某职业学校一年级的学生，由于没能顺利考上高中，她情绪低落，又拗不过家人的要求，不情愿地来到学校。初次来到宿舍，她不与同学们说话聊天，用冷酷的外表伪装自己，没有把同学们纳入朋友的范围，对同学们的问候也是冷淡回应，给同学们一种不被尊重的感觉，两周下来，她情绪更加低落了，便来到了心理咨询室。经过与心理老师的交谈，她明白了自己的问题所在，她既没有接纳他人，也不尊重同学，同时由于错误的认知，封闭自己，导致没有同伴，内心十分孤独。在心理老师的建议下，她敞开心扉，跟宿舍同学解释了近期表现的原因，得到了同学们的理解，收获了友谊。

三、学会化解相处矛盾

同伴相处，必然会有意见不合的情况出现，有时甚至争论得面红耳赤，青春期的我们，往往为了面子，装得不在乎这段友谊，时间长了，可能就失去了一个可贵的朋友。那么，遇到这种情况的时候，我们要如何化解矛盾呢？

1. 及时化解，不堆积矛盾

在出现矛盾初期，双方要积极主动地想办法沟通，不要让矛盾堆积，更不要让矛盾升级恶化，多个矛盾堆积可能超过我们的处理能力，以致最后无法化解。

2. 适当理解宽容

当矛盾出现时，我们可以分析同伴此时的情绪状态，站在对方的角度，想想他是否遇到了困难或烦心事，学会理解。

3. 用幽默化解矛盾

幽默是一种高情商的体现，幽默可以带来轻松快乐的氛围，与人相处时，巧妙地用幽默来化解尴尬，适度地自嘲，降低姿态，不失为一种好方法。

4. 注意你的非语言行为

大多数时候，冲突是要靠语言来调解的，但是这并不意味着你只要注意自己的措辞就可以了，措辞很重要，但除此之外还要注意你表达自己的方式——你的姿势、说话的音调、眼神接触。

5. 原谅并忘记

在出现矛盾的时候说上次如何，这是交往中的大忌，我们在及时化解了矛盾以后，就要从内心真正放下，让这个矛盾成为过去，随着时间的推移，原谅对方，不计前嫌。

线上学习

通过网络搜索，欣赏歌曲《相亲相爱一家人》，感受同伴情谊的美妙。

我喜欢快乐时马上就想要和你一起分享，

我喜欢受伤时就想起你们温暖的怀抱，

我喜欢生气时就想到你们永远包容多么伟大，

…………

有福就该同享，有难必然同当，

用相知相守换地久天长。

活动与分享

一、我的朋辈支持系统

在你的人生道路中，遇到不同的困难会有哪些同伴为你提供帮助？他们分别是谁？他们对应的支持类型（可参考下面的分类选择）是什么？

学习上的困难支持包括：专业课学习、基础课学习、文艺美术、技能操作、体育运动等；

生活中的情感支持包括：兴趣爱好、与同学的矛盾、与家人的关系、班级工作中遇到的困难等。

同伴间的支持是相互的，当他们遇到困难时，你又为他们提供了什么帮助？

同伴姓名	支持类型	我的支持类型

二、经营友谊有妙招

与同学相处，总有很多开心的事可以分享，同样地，不论是多好的同伴，总会有意见不合甚至争吵的时候。回想一下朋友给你带来的让你最感动的瞬间，把它记录下来。结合自身实际，谈谈你有什么交友小妙招。当你与同伴发生矛盾时，你是怎么化解的，写下来与大家分享吧。

1. 朋友带给我的感动：

2. 我的交友小妙招：

3. 我成功化解矛盾的事例：

实践与思考

同伴是我们在成长道路上不可缺少的不是亲人胜似亲人的角色，你跟你的好朋友说过他对你来讲这么重要吗？同学们，情感藏在心里没说出来，对方可能不能完全感受得到，给你最想倾诉的同伴写一封真情告白信，表达你对他的感谢和珍惜，让他知道，他对于你有多重要。

致我最好的同伴：

欣赏与提升

1. 书籍:《一路两个人》([美]盖尔·考德威尔)

盖尔和卡洛琳因为养狗而结识。一开始，两人都没料到会成为彼此最好的朋友，然而情感特质的相似之处使得同为作家的两人渐渐变得无所不谈，从写作、阅读、养狗，到如何摆脱酒的诱惑、如何承受苦痛。这份情感的深厚程度是她们始料未及的。

2. 电影:《触不可及》

电影讲述了身份、地位、阶层、性格等方面悬殊的两个人阴差阳错地成为一生挚友的故事。细腻动人的剧情，余音绕梁的配乐，让人一遍又一遍地回味。

感悟与收获

09 第9课　珍藏异性之恋

生命书签

两情若是久长时，又岂在朝朝暮暮。

——秦观

爱情之酒甜而苦。两人喝，是甘露；三人喝，是酸醋；随便喝，要中毒。

——陶行知

在我看来，真正的爱情是表现在恋人对他的偶像采取含蓄、谦慕甚至羞涩的态度，而绝不是表现在随意流露热情和过早的亲昵。

——马克思

生命故事

珍藏青春期的爱恋

王萍和李亮是我班上的学生，王萍每天打扮得很引人注目，通过侧面了解得知，这两人竟然有谈恋爱的倾向，有一次更让我碰到他们俩表现得非常亲密，我开始思考如何引导他们。试探过几次，我发现王萍内心比较矛盾，一方面，她不愿意向我透露过多个人信息；另一方面，她又很想找人倾诉。青春期的孩子，内心比较矛盾，于是，我策划了一次主题班会，向他们讲述了自己在教育青春期的孩子时面临的困惑，把问题抛给他们，让他们帮忙出出点子。在班会最后，我还刻意留下了微信号，让有困惑的学生单独加我微信。果不其然，王萍加了我微信，她问我，老师，你上学处过对象吗？影响学习吗？我说，处过，当时我特别喜欢我们班长，可是我个子小，于是我决定把对他的喜欢藏在心里，用成绩来征服他。不过等到上了大学后，我才发现他不是我喜欢的类型，但现在想来也很美好。

两天后，这两个同学找到我，李亮先开口说道：老师说得对，我现在不能对你承诺什么。我要苦练技能，学好升学考试的课程，争取考上本科，让自己变得优秀，我们互相勉励。等我们都长大成熟了，那时候，如果你还喜欢我，我们再牵手吧。不过今后，你有什么困难，我还是会帮助你的……

生命智慧

青春是美好的，它承载着我们的梦想，让我们在最美好的年华启航；青春是幸福的，它是阳光，是雨露，是我们感知一切新鲜事物的最佳年纪。同时，青春又是冲动的，随着生理和心理的成熟，你心里是否有了不为人知的小秘密？在人生的这个重要阶段，如果由于认知不足，有了不合时宜的异性交往，将对以后的人生产生重大影响。因此，如何正确地进行异性交往，是我们成长的必修课。

一、正视异性交往

小时候，男女同学交往时，总是没有明显的性别区别，参加活动时的手牵手也是再正常不过的事情，但到了青春期，异性同学的相处就显得不那么自然了，这到底是什么原因呢？异性同学要不要交往呢？

青春期的异性交往，有利于我们形成良好的性格，有利于我们掌握交往的技巧。男女同学的相处，就像一个小社会，我们可以通过与异性交往，完善自己的性格，提高人际交往的技能。同时由于男女生看待问题的角度不同，在相处中，还能为双方提供情感的支持与安慰。因此，异性间正常的交往是重要的，也是必要的。

二、学会交往技巧

同学们可能会有疑问，既然异性间的交往这么重要，那么我们是不是可以像小时候一样，随意地交往呢？其实不然，到了青春期，我们的生理、心理发展迅速，在与异性交往时，需要掌握交往的技巧。

1. 自然交往

在与异性交往的过程中，语言、表情、行为举止、情感流露要做到自然、顺畅，不必过分拘谨，也不宜过分严肃、冷淡，只需要把同性交往的心态用在异性交往上即可。

2. 把握交往的距离

异性交往既不能走得太近，以免造成误会，也不必距离太远，使双方关系停滞不前。要把握交往的度，控制好交往的距离，如公开场合，大大方方地一起逛书店、看画展、听音乐，这是正常的，但要尽量避免单独相处，把握好交往的心理距离。

3. 真实坦诚地交往

诚信是人际交往的基础，是一种美德。异性交往与同性交往一样，要坦诚相待，要尊重对方。当异性同学遇到困难的时候，可以发挥性格优势去帮忙，以真心换真诚，异性同学间一样可以收获可贵的友谊。

三、正确对待异性之恋

有同学说，异性交往可以提供情感的支持与安慰，但时间长了，友谊也变得不那么自然了，内心对异性有了跟其他同学不同的情感，产生了情愫，这该怎么办呢？心理学家埃里克森把人生发展分成了八个阶段，每个阶段都有要完成的任务，某个阶段完成任务的结果如何，还会影响到下一个阶段，在求学阶段，我们的主要任务是学习。那么，当你对某个异性产生好感的时候，应该怎么做呢？

珍藏在心中，等待花开。谈恋爱不符合我们的年龄特点，因为我们还没有成熟到可以很好地去处理两性关系，但是对异性产生好感在青春期又是正常的，所以我们不必感到惊慌和烦恼，只需要把这段感情藏在心里，化为努力的动力，等到双方成长到了相应的阶段，再来谈感情也不迟。

相关链接

珍藏心中，静待花开

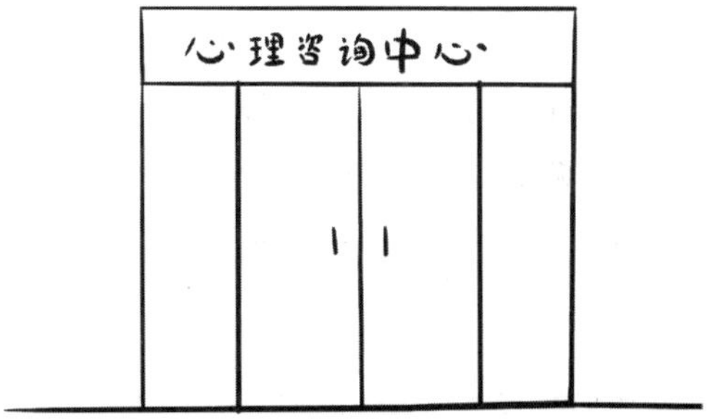

小王是某职业学校二年级的学生，这学期开学以来，她遇到了很大的烦恼。有个男同学每天课间都会到教室外面看着她，每天早上她到班级，桌上总会有该男生为她准备的早餐，同学们总是拿他俩的关系开玩笑，该同学的行为给她造成了很大的困扰。于是她采取冷淡处理的方式，删除了该男生的联系方式，见面不与他打招呼，可他还是每天这么做，这一行为让小王无心学习，因此来到心理咨询中心求助。经过与心理老师的交谈，小王采纳老师的建议，与该男生真诚地进行交谈，规劝他将这份感情珍藏在心中，静待花开，最终解决了这一困扰。

不难看出，小王的选择是正确的，在遇到自己解决不了的困惑时，她走进了心理咨询室，与老师敞开心扉交谈，接受老师的建议，既处理好了与异性间的关系，同时也让该男生有了努力的动力。

四、拒绝青春期性行为

进入青春期以后，随着生理上发育成熟，体内的性激素会迅速增多，我们可能会有性欲望、性幻想，会有渴望释放性冲动的想法，这些都是正常的，这是我们的生殖系统开始成熟的标志，说明我们离成熟更近了一步。但是我们也应该明白，性欲望不一定要通过性行为来满足，我们可以通过运动来释放身体里的能量。如果有同学突破了异性间正常交往的界限，谈起了恋爱，我们也应该明白，真正珍惜一份感情，要从珍爱自我、珍惜对方做起。性关系至少要在双方都能为自己的行为负责任以后才可以存在，因为它不只是个人问题，也是严肃的社会问题，一旦发生了性行为，由此带来的社会责任和义务是我们这个年纪所不能承受的。

1. 青春期性行为的不良影响

（1）女生承受的损害更大。

发生性行为后，女生要承受心理和生理上的双重损害。一方面，女生要担心意外怀孕，万一怀孕了，人工流产手术可能会造成感染，既影响学习，又影响身体健康，可能造成子宫内膜炎、急性输卵管炎、盆腔炎等。有研究表明，女生由于婚前性行为而做的人流手术是婚后不孕症的关键原因之一，让很多女性追悔莫及。如果手术过程中大出血，还会有生命危险。另一方面，发生青春期性行为后，身体上的变化会使女生承担更大的精神压力。

（2）不利于青少年人格发展。

青春期性行为往往是在紧张的心理状态下进行的，青少年缺乏必要的准备，如性知识的学习、思想方面的准备以及避孕措施的准备等。在性行为后，青少年常常因为担心女生怀孕、怕被他人发现而产生恐惧感、罪恶感和悔恨感。同时，婚前性行为甚至怀孕，通常会让当事人面临强大的舆论压力。这些外在的舆论压力和内在的情绪变化，很容易给人带来严重的心理创伤，不利于青少年的人格发展，影响日后的婚姻和生活。

2. 如何拒绝青春期性行为

当异性交往对象提出性要求时，我们应该怎么应对呢？首先，我们要坚定信念，无论何时，都要做一个有原则的人，要有很强的自我约束能力，坚定地拒绝诱惑。同学们可能会想，这样不就让对方没有面子，给我们的感情蒙上一层阴影了吗？这时候，在自我约束的前提下，可以动动脑筋，发挥我们的情商，明智的回答有很多种，这里举几个例子供大家参考：

（1）对不起，我不能这么做，因为我们都是学生，还不能为自己的行为承担后果，我要对自己的选择负责任，如果这么随便，对双方都是一种伤害。

（2）心理老师说，每个阶段有这个阶段该完成的主要任务，本阶段的主要任务是学习，性行为应该发生在更成熟的阶段，请尊重我的选择，让我们一起在自我约束中走向成熟，好吗？

（3）如果真的有缘分，来日方长，如果到时候我们还在一起，总会有属于彼此的一天。

有性冲动是正常的现象，可以多用后果联想法有意识地控制自己的行为，也可以通过运动来缓解性冲动，要坚定意志，尊重对方，等待彼此共同成长。

活动与分享

一、续写故事与角色扮演

同学们，不知道大家对前面所说的拒绝青春期性行为的说法是否赞同，如果你还心存疑惑，那就设身处地地来完成这个故事的续写吧。假设你是故事中的主人公，你要怎么处理才能让这个故事有个圆满的结局呢？男生请假设自己是阿文，女生则假设自己是阿美。请同学们分组把你们的解决方法演绎出来。

阿美：完蛋了，我好像“中奖”了，怎么办？

阿文：不会吧，怎么会这么倒霉，这么轻易就怀孕了。

阿美：我好害怕，你要想想办法。

阿文：我能有什么办法，我们都还是学生……那把这个事情告诉家长吧？

阿美：不能告诉家长，被我妈知道我就死定了……

阿文：那你要我怎么做？

阿美：我不管，你要负责。

阿文：负责？我对我自己都没办法负责，我怎么对你负责？

温馨提示：同学们，大家是不是绞尽脑汁也找不到圆满的解决方式？老师告诉大家，最好的方式就是不要让这件事情发生，你同意吗？

二、给自己的一封信

通过今天的学习，我们知道，在这个年纪，不适合真正开始一场恋爱，可是在这个阶段，我们又可能对某个异性产生好感，青春期的你，内心是否有自己的小秘密？给自己写一封信，把这份好感珍藏在心里，跟自己说些激励的话语，让它成为自己努力变得更好的动力吧！

实践与思考

在班级里或校园中，是否有同学的言行举止让你觉得不符合我们的年龄，请列举一个你看到的实例，站在自己性别的角度，为同性别同学提提建议。你的建议可能会通过传递的方式让更多人得到启发。

欣赏与提升

1. 书籍：《青春那些事儿》（方刚）

方老师从青春期的身体、爱情、社会性别、性教育及亲密关系等方面，逐一解答青少年遇到的困惑，告诉我们如何面对难以启齿的问题，帮我们分析思考、选择、自主、健康与责任对人生的重要性，教导青少年学会热爱青春，热爱人生。

2. 电影：《怦然心动》

电影讲述的是青春期男孩女孩间的有趣故事。布莱斯搬到新的住宅，邻居女孩朱莉对他一见钟情，可是布莱斯却对朱莉没有感觉，经常刻意躲避朱莉。朱莉在布莱斯眼里，是个奇怪的人，竟然会认为在树上看世界很有趣，还会以养小鸡为乐趣。青春期的我们，总有一些与众不同的想法和行为，不妨来看看这部有趣的电影吧。

感悟与收获

第四章

CHAPTER 4

生命与责任

第10课　健康生活方式

生命书签

以自然之道，养自然之生。

——欧阳修

忽略健康的人，就是等于在与自己的生命开玩笑。

——陶行知

有规律的生活原是健康与长寿的秘诀。

——巴尔扎克

生命故事

钟南山：健康由健康的生活方式决定

钟南山，中国工程院院士、著名呼吸病学专家，中国抗击非典型肺炎、新冠肺炎疫情的领军人物，“共和国勋章”获得者。

在很多人眼中，80多岁的老人大多都是身患疾病，生命已经快走向终点。但86岁的钟南山院士，却有着令人惊叹的体质。一组钟南山院士的健身图片引起大家关注，不同于以往身着白大褂的形象，篮球、游泳、举铁、引体向上……各种体育运动得心应手，甚至让许多年轻人都自愧不如。钟南山不仅是全国劳动模范，还是长期奋战在医疗前线的医生、教授。他能边工作边锻炼，一口气能做十个引体向上。他曾说过，自己的心理年龄只有50岁。钟南山之所以能够在这个年纪还奔波在第一线，保持旺盛的精力，和他常年保持良好的体育锻炼习惯有着密切关系。

钟南山用他的经历告诉大家：运动，才是保持年轻的秘诀。

钟南山从小就特别喜爱竞技运动，足球、篮球、跑步都是他的兴趣所在。在读书期间，他参加学校运动会曾创下几项纪录，至今无人能破。

一直到今天，钟南山依然保持着锻炼的习惯。在家中，他的老伴儿、国家女篮前队员李少芬为他布置了一个“简易家庭健身房”，让他在繁忙的工作中可以随时健身。在这个十多平方米的“家庭健身房”里，放满了各种器材：跑步机、动感单车、双杠、拉力器、哑铃等。脱下白大褂，穿上运动背心的钟南山先在跑步机上快走、慢跑，然后再进行力量训练，身上的肌肉线条清晰可见。

几十年如一日坚持锻炼，让钟南山院士看上去比实际年龄小很多，也被网友们戏称为“不老男神”，他表示：“除了不能再参加运动量大的竞技比赛外，感觉年龄对我没有太大影响，我现在还可以承担所有的日常工作，这跟坚持锻炼有很大关系！”

生命智慧

世界卫生组织（WHO）对“健康”的定义是：健康不仅仅是没有疾病或虚弱，而且是身体、心理和社会适应的完好状态。而健康生活方式是健康的基础，健康生活方式是指有益于健康的习惯化的行为方式，主要表现为：生活有规律，没有不良嗜好，讲求个人卫生、环境卫生、饮食卫生，讲科学、不迷信，平时注意保健、生病及时就医，积极参加对健康有益的文体活动和社会活动，等等。

概括来说，健康生活方式主要包括合理膳食、适度运动、艺术欣赏、心态平和、戒烟限酒五个方面。

一、合理膳食

合理膳食是指能提供全面、均衡营养的膳食。食物多样，才能满足人体各种营养需求，达到合理营养、促进健康的目的。中国营养学会发布的《中国居民膳食指南》为合理膳食提供了权威的指导。

1. 食物多样，谷类为主

人体必需的营养素有40余种，这些营养素均需要从食物中获得。人类需要的基本食物一般可分为谷薯类、蔬菜水果类、畜禽鱼蛋奶类、大豆坚果类和油脂类五大类，不同食物中的营养种类和含量不同，没有任何一种食物可以满足人体所需的全部能量及营养素。因此，只有多种食物组成的膳食才能满足人体对能量和各种营养素的需要。

谷类食物含有丰富的碳水化合物，它是人体所需能量的最经济、最重要的食物来源，也是B族维生素、矿物质、膳食纤维和蛋白质的重要食物来源，在保障人们的生长发育、维持人体健康方面发挥着重要作用。

2. 吃动平衡，健康体重

“吃动平衡”就是在健康饮食、规律运动的基础上，保证食物摄入量和身体活动量的相对平衡。体重是客观评价人体营养和健康状况的重要指标，体重过高反映能量摄入相对过多或活动不足，体重过低一般反映能量摄入相对不足。做到合理的“吃”和科学的“动”，既可以保持健康体重，打造美好体形，还可以增强心肺功能，改善骨健康，调节心理平衡，增强免疫力。建议同学们坚持日常身体活动，主动身体活动量平均每天达到6 000 步，适当进行高强度有氧运动。长期坚持下来，就能提升耐力和体能，舒缓压力，改善睡眠，增加健康信心。

3. 少盐少油，珍惜食物

食盐是食物烹调或加工食品的主要调味品，由钠（Na）和氯（Cl）组成，是制作美味佳肴必不可少的原料，但科学家发现人体血压水平和高血压的患病率均与食盐的摄入量密切相关，长期食用高盐食品，发生心脑血管意外的危险性大大增加，健康成年人一天食盐摄入量最好不超过 6 克。烹调油可以增加食物的风味，是人体必需脂肪酸和维生素 E 的重要来源，有助于食物中脂溶性维生素的吸收。但过多摄入脂肪将导致血中胆固醇大幅增加，导致心血管疾病，增加患慢性疾病的风险，还将直接导致肥胖。特别是不饱和脂肪酸容易在高温、油炸时产生不安定的环状化合物，科学家怀疑此类物质有可能致癌。

根据联合国粮农组织的数据，全球每年生产 40 亿吨食品，其中 30% ～ 50% 没有被食用而遭到浪费，总价值达 1 万亿美元。倘若这些粮食中有四分之一能够得以保留，就足以养活全世界目前约为 9 亿的饥饿人口。因此，我们要按需购买食物，践行光盘行动，养成珍惜食物的好习惯。

相关链接

我的 BMI

体质指数全称身体质量指数，英文全称为 Body Mass Index，简称 BMI，是目前常用的衡量人体胖瘦程度以及健康状况的指标。其计算公式为：

$$\text{BMI}=\frac{\text{体重（kg）}}{\text{身高}^2\text{（m×m）}}$$

成人的 BMI 数值

体重指数	男性	女性
过轻	低于 20	低于 19
适中	20 ～ 25	19 ～ 24
过重	25 ～ 30	24 ～ 29
肥胖	30 ～ 35	29 ～ 34
非常肥胖	高于 35	高于 34

二、适度运动

常言道“生命在于运动”，运动对健康大有裨益，但运动要科学，不能盲目，要选择适合自己的运动方式、强度和运动量，不能只凭热情、愿望，盲目地进行锻炼，否则不但达不到预期效果，还会发生运动性损伤，有害身体健康。

一次完整的体育健身活动主要包括三个组成部分，依照活动的先后顺序排列应为：准备活动→基本活动→放松活动。

1. 准备活动

准备活动是指主要体育健身活动开始前的各种身体练习。准备活动的主要作用是预先动员心肺、肌肉等器官、系统的机能潜力，以适应即将开始的各种健身活动，获得最佳运动健身效果。同时，活动开筋骨和肌肉，可以防止在高强度的活动中受到损伤。准备活动是必不可少的，可以有效预防急性和慢性运动伤害。

准备活动的时间一般为 5 ～ 10 分钟，主要包括两方面内容。一是进行适量的有氧运动，如快走、慢跑等，使身体各器官、系统“预热”，提前进入工作状态；二是进行各种牵拉练习，增加关节活动度，提高肌肉、韧带等软组织的弹性，预防肌肉损伤。

2. 基本活动

基本活动是体育锻炼的主要运动形式，包括有氧运动、力量练习、球类运动、中国传统运动健身方式等，持续时间一般为 30 ～ 60 分钟。在一次体育健身活动中，需要选择合适的运动方式，将运动强度和运动时间控制在适宜的范围内。在一周的体育健身活动安排中，可以根据自身情况的不同选择适合自己的体育健身活动方式和运动强度。

3. 放松活动

放松活动是指主要运动健身活动后进行的各种身体活动，主要包括行走等小强度活动和各种牵引拉伸。放松活动有助于消除疲劳，使身体各器官、系统的机能逐渐从运动状态恢复到安静状态。同时，也让血液回流心脏，把肌肉产生的乳酸带走，如果立即停下，不做整理活动，乳酸就会在肌肉里沉积，造成肌肉酸痛。

相关链接

运动中的有氧与无氧

一般运动分为两种：一种是有氧运动，另一种是无氧运动。这两者是有区别的，有氧运动属于有氧代谢，而无氧运动属于无氧代谢。选择不同的运动，其锻炼效果不一样。

在进行有氧运动的过程中，人们可以不受到影响地和别人正常交流，比如慢跑、快走、跳绳、羽毛球、乒乓球等。有氧运动需要大量呼吸空气，比较容易消耗机体热量和脂肪，对心肺是很好的锻炼，可以增强肺活量和心脏功能。

无氧运动就是肌肉在“缺氧”的状态下进行剧烈运动，比如短跑、游泳等。不需要坚持太长时间，适当即可。无氧运动的运动速度很快，大部分是负荷强度高、瞬间性强的运动，在运动过程中不能正常和其他人交流，持续时间很短，疲劳消除的时间也比较慢。

三、艺术欣赏

在校园生活中，艺术给同学们带来了美的享受，以及对美和人性的思考。艺术可以使人通过美的角度，乐观积极地看待生命，还会影响个人的内涵，改变人的气质，提升人格魅力。

艺术作品对人的影响并非一朝一夕就能实现的，同学们在校园中可以自觉主动地接受艺术熏陶。养成艺术欣赏的习惯后，个人良好的修养与品质自然就可以形成。

艺术主要通过声音与画面，歌颂人类社会所崇尚的美好品质，如正直、勇敢、忠诚等，表达人类最美好的感情，如爱情、友情、亲情等，以及对美和理想的永恒的追求。它能够潜移默化地影响人们的心灵，帮助人们抵御现实生活的种种诱惑，从而建立起自己正确的审美观、道德观和人生观。

2008 年北京奥运会开幕式主题曲《我和你》选择了中国民族五声调式进行创作，大气明亮的旋律，温情舒缓的风格，将中国对和平与和谐的诉求通过音符传向世界。

管弦乐曲《蓝色多瑙河》是约翰·施特劳斯创作的最负盛名的圆舞曲作品。乐曲中，小提琴奏出徐缓的颤音，好似黎明的曙光拨开河面上的薄雾，多瑙河的水波轻轻荡漾，唤醒了沉睡的大地。

江苏民歌《茉莉花》由何仿改编自中国民歌《鲜花调》，于 1957 年首次以单曲形式发行。《茉莉花》以五声调式和级进的旋律，表现了委婉流畅、柔和优美的江南风格，生动刻画了一个文雅贤淑的少女被芬芳美丽的茉莉花所吸引，欲摘不忍、欲弃不舍的爱花惜花的心理。

世界经典名曲《友谊地久天长》，原本是苏格兰诗人罗伯特·彭斯的一首诗，歌颂的是真挚持久的友谊。1940 年美国电影《魂断蓝桥》采用这首歌作为主题曲。随之，这首歌传遍世界各地，成为歌唱人类美好友谊的代表曲目。

经典的民乐合奏曲《春江花月夜》源于一首名为《夕阳箫鼓》的琵琶曲，既继承了古典音韵优雅的格调，又使乐曲充满内在的激情，颇具情韵，富有生气，主题表达也更细腻。乐曲用二胡、琵琶、古筝、洞箫、钟、鼓等乐器演奏，通过委婉质朴的旋律、流畅多变的节奏，形象地描绘了月夜春江的迷人景色，赞颂了江南水乡的优美风姿，全曲就像一幅工笔精细、色彩柔和、清丽淡雅的山水长卷，引人入胜。

贝多芬的《c小调第五交响曲》，又名《命运交响曲》，在交响曲第一乐章的开头，贝多芬便写下了一句引人深思的主题——“命运在敲门”，这一主题贯穿全曲，使人感受到一种无可言喻的感动与震撼，体现了作者一生与命运搏斗的顽强意志。“我要扼住命运的咽喉，他不能使我完全屈服。”这是一首英雄意志战胜宿命论、光明战胜黑暗的壮丽凯歌，鼓舞大家掌握自己的命运，勇敢与厄运抗争并努力战胜它。

我们要更好地欣赏艺术之美，理解艺术作品的内在精神。艺术与生命相通，它直达生命深处，在人心中反射出美，使心灵得到净化，人生境界得以升华。

四、心态平和

俗话说，“平和的心是金”，只有内心平和，才能创造世间无与伦比的生命之美。保持好的心态比拥有好的环境更重要。人生之路，不会总有枝繁叶茂的大树，鲜艳夺目的花朵，蝶飞蜂舞的美好景色，也会有阻挡在前的高山和荒凉的沙漠；不会总有阳光照耀下缤纷的色彩，也会有阴天时的迷雾重重；不会总有灿烂的笑颜，也会有无言的泪水，任谁也无法轻松跨越。在日常校园生活中，培养平和的心态，拒绝急躁，才能使我们避免失误；而遇到挫折和困难时，保持平和的心态才能找到解决问题的方法，避免消极被动和丧失信心。

如何保持平和的心态呢？同学们可以尝试做到以下四点。

1. 豁达开朗的胸襟

当遇到挫折与失败时，不要被负面情绪控制，伤害自己与他人的感情，而影响生活。我们要欣然接受挫折，积极面对失败，拥有积极的心态，就可以得到快乐，就可以改变自己的命运。只有保持平和的心态，才能做到走自己的路，不被别人的眼光左右，才能逐渐实现生命的理想和夙愿，获得成功。

2. 通情达理的姿态

平和的心态是一种美德，以平和之心去看待周围发生的一切，以平和之心对待别人和自己，会给自己的生活和学习带来许多乐趣。

3. 乐观向上的态度

拥有乐观向上的态度，会让你更容易享受快乐。乐观的人，能把平凡的日子变得有趣，能把沉重的生活变得轻松，能把苦难的光阴变得甜美，能把烦琐的事情变得简单。因为更多的时候，生活不是追求繁华，而是追求内心的平静与安宁。

4. 平衡稳定的心态

用平和之心拥抱生活，保持内心的平衡与稳定，珍惜你现在所拥有的，摆脱欲望的枷锁，不去羡慕别人、与人攀比。不要太计较生活中的得失，坦然接受自己，享受生活，享受快乐，享受生命。

相关链接

托尔斯泰的硬币

托尔斯泰是19世纪中期俄国著名作家，代表作有《战争与和平》《安娜·卡列尼娜》等。在一次长途旅行中他路过一个小火车站，当时一列客车正要启动，突然一位女士从列车车窗里向月台上的托尔斯泰大喊："老头儿，老头儿，我的手提包忘了带，快到候车室，把我的手提包拿过来。"

原来这位女士错把托尔斯泰当成车站的搬运工了，托尔斯泰赶忙跑进候车室，拿来手提包，递给了那位女士。女士随后递给托尔斯泰一枚硬币，说："这是赏给你的。"

托尔斯泰接过硬币，瞧了瞧，装进了口袋。正巧女士身边的一个旅客认出了托尔斯泰，她大声对女士说："太太，您知道这位先生是谁吗？他就是托尔斯泰呀！"女士惊呼起来："我这是在干什么！托尔斯泰先生，请别计较，请把硬币还给我吧，我怎么能给您小费呢！"

托尔斯泰平静地说："太太，你又没做错什么事，这枚硬币是我挣来的，我得收下。"

此时列车缓缓开动，带走了那位惶恐不安的女士，托尔斯泰微笑着目送列车远去，又继续他的个人旅行了。

五、戒烟限酒

吸烟对发育成长中的青少年的健康危害很大，对骨骼、神经系统、呼吸系统及生殖系统的发育均有一定程度的影响。由于青少年时期各系统和器官的发育尚不完善，功能尚不健全，抵抗力弱，与成人相比吸烟的危害就更大。此外，由于青少年呼吸道比成人狭窄，呼吸道黏膜纤毛发育也不健全，因此吸烟会使呼吸道受损害并产生炎症，增加呼吸的阻力，使肺活量下降，影响青少年胸廓的发育，进而影响其整体的发育。

饮酒后约 20% 的酒精立即在胃中被吸收，其余全部被小肠吸收。吸收进血液中的酒精，除了极少数（10%）由汗、尿、唾液和呼吸排出外，其余的 90% 要经过肝脏分解，但是肝脏的分解能力有限，因此人的组织器官和各个系统都要受到酒精的侵害。青少年发育尚不健全，各器官功能尚不完备，对酒精的耐受力低，肝脏处理酒精的能力差，因而更容易发生酒精中毒及脏器功能损害，可能埋下肝硬化、胃癌、心血管病等疾病隐患。

相关链接

酒后驾车危险大

世界卫生组织事故调查数据显示，50% ～ 60% 的交通事故与酒后驾驶有关。在中国，每年由酒后驾车引发的交通事故达数万起，特别是造成死亡的事故中 50% 以上都与酒后驾车有关。

驾驶者的血中酒精浓度大于 20mg/100mg，小于 80mg/100mg 为饮酒后驾驶；血中酒精浓度大于或等于 80mg/100mg 为醉酒驾驶。

《中华人民共和国道路交通安全法》第九十一条规定：

饮酒后驾驶机动车的，处暂扣六个月机动车驾驶证，并处一千元以上二千元以下罚款。

醉酒驾驶机动车的，由公安机关交通管理部门约束至酒醒，吊销机动车驾驶证，依法追究刑事责任；五年内不得重新取得机动车驾驶证。

饮酒后或者醉酒驾驶机动车发生重大交通事故，构成犯罪的，依法追究刑事责任，并由公安机关交通管理部门吊销机动车驾驶证，终生不得重新取得机动车驾驶证。

活动与分享

健康生活方式自测

这是一份学生健康生活方式的诊断量表，一共有15个问题，请你根据自己的实际情况，逐一回答。为了保证测验的准确性，请认真作答。

1. 如果需要早起床，你会：(　　)。

A. 上好闹钟　　B. 请别人叫　　C. 自己醒来

2. 早上睡醒以后，你会：(　　)。

A. 立即起床学习

B. 不慌不忙，起床后做操锻炼，然后学习

C. 在被窝里能多躺一会儿是一会儿

3. 你的早餐通常是：(　　)。

A. 稀饭，馒头　　B. 牛奶，面包　　C. 不吃

4. 每天到教室上课，你总是：(　　)。

A. 准时到教室

B. 或早或晚，但都在10分钟之内

C. 非常灵活

5. 吃午饭时，你一般：(　　)。

A. 急匆匆的

B. 慢吞吞的

C. 从容吃饭，饭后休息一会儿

6. 尽管学习很忙很累，也和同学有说有笑。(　　)

A. 每天如此　　B. 有时如此　　C. 很少如此

7. 对校园生活中出现的矛盾，你会：(　　)。

A. 争论不休　　B. 反应冷漠　　C. 明确表态

8. 在课余时间内，你一般：(　　)。

A. 参加社交活动

B. 参加体育活动或文娱活动

C. 参加家务劳动

9. 对待来客，你：(　　)。

A. 热情，认为有意义　　B. 认为浪费时间　　C. 非常讨厌

10. 晚上你对睡觉时间的安排是：（　　）。

A. 每晚固定时间上床

B. 往往凭一时高兴

C. 等所有的事情做完了以后才睡觉

11. 如果你自己能控制假期，你会：（　　）。

A. 集中一次过完

B. 一半安排在夏季，一半安排在冬季

C. 留着，有事时用

12. 对于运动，你一般：（　　）。

A. 喜欢看别人运动　　B. 做自己喜欢的运动　　C. 不喜欢运动

13. 最近两周，你：（　　）。

A. 到外面玩过

B. 参加过体力劳动或体育运动

C. 散步 1 000 米以上

14. 你是怎样度过暑假的：（　　）。

A. 消极休息　　B. 做点体力劳动　　C. 参加体育活动

15. 你认为自尊心的表现方式是：（　　）。

A. 不惜代价也要达到目的

B. 深信经过努力会有结果

C. 要别人对你做出正确的评价

计分标准：请参照下列表格对应选项的分数，将各题的得分相加，计算出总分。

题号	A	B	C	我的得分
1	3	2	0	
2	1	3	0	
3	2	3	0	
4	0	3	2	
5	0	1	3	
6	3	2	0	
7	0	0	3	
8	1	2	3	
9	3	0	0	

续表

题号	A	B	C	我的得分
10	3	0	0	
11	2	3	1	
12	0	3	0	
13	3	3	3	
14	0	2	3	
15	0	3	1	
总分				

结果解释：

总分在 37～45 分，说明你的生活方式良好，你是一个善于学习、生活和工作的人，有较高的工作效率和学习效率。

总分在 25～36 分，说明你的生活方式比较好，能在繁忙的工作中掌握恢复活力的技巧，有提高效率的潜力。

总分在 13～24 分，说明你的生活方式健康程度中等，你应该努力改善自己的生活方式。

总分在 12 分之下，说明你的生活状况不佳，应该下定决心彻底改变有害的生活习惯。

实践与思考

你可能正在忙着做未来的学习计划、旅行计划，那你有没有为自己的健康做一份计划呢？下面就给自己制订一份健康生活计划吧，在未来的日子里让自己快乐并健康地生活。

行动内容	行动时间	行动目标
膳食合理		
适度运动		
艺术欣赏		
心态平和		
戒烟限酒		

欣赏与提升

1. 书籍：《钟南山谈健康》（钟南山）

在本书中，钟南山院士从自身健康出发，从科学角度出发，畅谈在这个急剧变化、激烈竞争的时代人们的健康、亚健康、影响人类健康的因素和人类的健康基石等问题。

本书不仅是一本保健书、科普书，而且是一本涉及教育、做人和励志等方面的很好的读物。在健康问题之外，钟院士还畅谈了素质教育、对待挫折、团队建设、人生追求等话题，充满了对生活、工作和人生的真知灼见。

本书秉承了钟南山院士一贯的叙述风格，深入浅出，妙趣横生，极富感染力，让人充分感受到科学大家思想的魅力。

2. 视频：《健康生活方式》

健康生活方式是个人健康管理中最重要的一环。该视频针对“维护健康的四大基石”：合理饮食、适量运动、戒烟限酒、保持心理平衡进行一一讲解，借助动画的直观性帮助我们更好地理解健康生活的内涵和途径。

感悟与收获

11 第11课　遵守校园纪律

生命书签

不以规矩，不能成方圆。

——孟子

任何一个新的社会制度都要求建立新的人与人之间的关系，建立新的纪律。

——列宁

生命故事

历史上，一些著名的政治家、军事家为了保持内部一致、增强战斗力，都是非常注重纪律并带头遵守的。三国时期政治家、军事家曹操就是一个典型的例子。

一次，曹操带兵出征，路过一片麦田，他当即下令："任何人不得践踏麦田，违者斩！"命令一下，人人都小心起来。偏巧，曹操的马受了惊，奔到麦田里去。官兵见状，都站在田埂上默默地看着。曹操勒回了马，立即把行军主簿叫到马前，让其议罪。主簿言引《春秋》说："罚不加于尊，这件事就算了。"曹操说，"我自己下的命令，自己带头去破坏它，怎么让三军执行？但我是全军之主，也不好自杀，只有自己处以刑罚了。"说着，他拔出宝剑，割下了自己的头发。古人是不割须不理发的，这是当时的一种刑罚。曹操自刑，全军震动。此后，曹操的威望更高了，曹军的纪律也更严明了。

生命智慧

俗话说，国有国法，家有家规，校有校纪。遵守校园纪律对我们的健康成长具有重要作用。我们从幼儿园到小学到中学再到职业学校，都在纪律的约束下接受教育，校园纪律是我们学习生活秩序的保障。比如：

上课认真听讲，不交头接耳；

不带手机进教室；

按时做好教室、宿舍卫生；

遵守晚自习纪律，按时完成作业，做好复习；

食堂打饭要排队，不插队；
保持教室、走道、校园的环境卫生，不随手乱扔垃圾；
按照要求做好垃圾分类；
教室没人时，要随手关闭教室风扇、空调、多媒体、日照灯等。

一、纪律保障我们的学习生活秩序

1. 纪律的含义

纪律是指为了维护集体利益，保证工作和生活正常有序进行，要求一定社会组织成员共同遵守的行为规范。凡是有人群的地方就会有集体活动，而有集体活动就需要有纪律的约束。

2. 纪律和自由的关系

纪律和自由既是对立的，又是统一的。一方面，自由离不开严明的纪律。自由是纪律约束下的自由，纪律带有一定的强制性，如果没有这种强制性，自由也就无法实现；另一方面，纪律是对自由的保障。真正的自由是在纪律许可范围内行使权利的自由，纪律只是约束违反纪律的人和行为，只要不违反纪律，每个人都会获得充分的自由。

相关链接

有一句谚语说得好："没有红灯的约束，哪有绿灯的畅行。"走在马路上，如果不遵守交通规则，横冲直撞，被车辆撞倒，那就失去了行走的自由。纪律与自由的关系就如同河岸之于河流，铁轨之于火车。河流如果没有河岸的约束，就会泛滥成灾，最后消失在大地上；火车在铁轨的约束和保障下，才可以奔驰四方，如果火车失去了铁轨的约束和保障，它就只能是一堆废铁。

3. 纪律的作用

纪律是我们正常生活秩序的重要保证。每个单位或集体都需要制定各自的纪律规则，对所属成员提出要求，以统一人们的思想和行为，使工作取得更好的效益。就整个社会来说，也需要用各种纪律约束每一个人的行为，协调彼此之间的关系，以建立各种正常的秩序，使人们能够顺利地生产、学习、工作和生活。

学校纪律是正常的教学和校园秩序的重要保证。学校生活必须有纪律，职业学校学生公约及教育行政部门和学校制定的有关学生日常行为规范、校园管理规定等都是我们应该遵守的纪律规则。

二、培养遵守校园纪律的自觉性

培养遵守校园纪律的自觉性，要从思想上高度认识遵守纪律的重要性。人人守规矩，凡事依法纪，则社会安定，经济发展。倘若没有纪律的规范，各项秩序就无从保证，可能影响到人民群众的安居乐业。上课睡觉、迟到早退、简化作业程序、违章蛮干等看似是平常的小问题，但如果在校园中养成这些不良习惯，将来再把这些违纪的习惯带到社会、带到工作当中，将带来极大的安全隐患。据调查分析，安全事故大多发生在一瞬间，事故发生的原因多是违章违纪，而违章违纪现象发生的原因，最主要的是人们对遵纪守法的重要性认识不足，平时养成了自由散漫的不良习性，缺乏工作责任心，工作自控能力差。

培养遵守校园纪律的自觉性，要把遵守校园纪律落实到日常生活和学习中。遵守纪律要从细处着眼，防微杜渐；遵守纪律还要转化为自身的实际行动，从最基本的上课不迟到、不早退，不旷课，上课不带手机，做好值日生，按学校要求做好仪容仪表等开始做起。

培养遵守校园纪律的自觉性，必须落实在“恒”字上，关键是“持之以恒”。只有把遵守纪律变成一种习惯，才能使之转化为一种自觉行为，天天遵守，月月遵守，年年遵守。当任何违纪的念头出现时，不能以“只此一次”“下不为例”“情况特殊”为借口，放松要求，原谅自己，要做到时时处处严格要求自己。做到校内校外一个样，当面背后一个样。只要持之以恒，我们一定会成为自觉遵纪守法的好学生、好公民。

相关链接

某地区电网的变电站出了大事故，使这一地区一时陷入混乱。医院停电了，手术室的灯光突然灭了，手术不得不中断；大厦停电了，电梯停在中间，人们上不去，下不来；钢厂停电了，炉火降温了，钢水倒不出来……造成了多大的损失啊！可是，这么大的事故，起因仅仅是变电站里一个青年工人违反了操作规程：他未按照电气“五防”步骤进行操作，导致带负荷拉刀闸，造成进线开关跳闸，从而导致了整个变电所停电事故的发生。

三、遵守校园纪律从我做起

遵守校园纪律对保证我们在校期间健康成长有重要作用。有些违反校园纪律的行为，会给我们的生活学习带来重大影响，甚至断送我们的学习生涯。遵守校园纪律从我做起，具体来说要做到以下几个方面。

1. 按时上课，不迟到，不早退，尤其不能旷课

作为一名学生，在校期间最基本的纪律要求就是上课不迟到、不早退，能够做到这两点是一个同学有很好的自制力的体现。旷课是学校纪律所不允许的，也是法律所禁止的行为。在旷课期间，不但自己的学习进度受到影响，而且容易沾染不良行为，也容易被不法分子利用，旷课不是小事，它是一个学生行为越轨的重要征兆，也是一个学生走下坡路的重要信号，应当引起同学们的重视。

2. 校园禁止携带管制刀具

何为管制刀具？根据公安部《管制刀具认定标准》的规定，匕首、三棱刮刀、带有自锁装置的弹簧刀和其他相类似的单刃、双刃、三棱尖刃，只有法律规定的人员，如解放军、武警战士、专业狩猎人员才能持有。我们作为在校生，禁止携带这些管制刀具。

3. 预防和制止打架斗殴，欺凌他人

职业学校学生正处于青春期，同学之间时常会发生一些矛盾冲突，这时应当设身处地地为对方着想，互谅互让。但是现实当中，有些同学在发生矛盾时，为了逞威风、占上风，谁都不肯宽容对方，谁也不肯吃亏，结果大打出手，双方都吃了大亏：有的得到学校记过或严重警告处分，有的退学，有的甚至严重到被对方起诉到法院，留下案底。因此，要预防和制止打架斗殴、欺凌他人等一类的事情，同学们要做到以下两点：首先，应该克服侥幸心理，比如认为“或许不会受到处理”“或许老师不会知道”等，对于这类行为，学校是十分重视并将严肃处理、进行备案的。其次，一些打架斗殴的事件，往往是由一句话、一个动作的刺激而引发的。因此同学们在平时相处中，应该避免使用刺激性语言和动作，保持头脑冷静，双方可以先减少接触，等心平气和时再解决问题，避免事态进一步扩大。

4. 预防和制止参与赌博和变相赌博

赌博是指以非法收入为目的，聚众进行以财物做抵押，就偶然的输赢决定财物所有权的行为。参与赌博不仅会助长投机取巧、不劳而获的投机思想，造成有些人因嗜赌而倾家荡产、家破人亡的悲剧，而且是社会的不安定因素，会诱发盗窃、抢劫、诈骗甚至图财害命等犯罪，不仅学校纪律不允许，国家法律也禁止。

5. 预防和制止吸烟、酗酒

之所以要预防和制止吸烟、酗酒，是因为吸烟所攫取的尼古丁和酗酒所攫取的酒精，对青少年的身体危害极大。此外，吸烟、酗酒也常常是青少年做出违法犯罪行为的诱因。正如一位德育专家所说："年纪轻轻学吸烟，自命神气又新鲜，吸烟买烟需要钱，烟钱诱发偷抢骗，学坏常从抽开端，守法养成好习惯，我们坚决不吸烟。"

相关链接

遵纪守法小贴士

警示法：自省言行，将急需改正的缺点和错误写在小纸条上，贴在床边案头，时时警示自己。

榜样法：榜样的力量是无穷的，伟人可以做榜样，身边同学也可以作为我们学习的榜样。

理智法：头脑中牢记一些格言名句并形成守规则的信念，当有违纪的念头时，以警句格言调控自己。

训练法：反复训练让行为符合规则，养成良好的习惯，自然体现为严于律己的行为。

活动与分享

以"创建和谐校园，是靠自我意识还是规章制度"为题，用我们学习和生活中的实例开展辩论赛。通过辩论，正确认识学校规章制度与遵守纪律的自觉性的关系，为创建文明校园贡献自己的力量。

正方：

反方：

辩论内容：

实践与思考

校园最美少年评选活动

在校园中，正因为同学们遵守校园纪律和国家法律，我们的学习和生活才更加有序与和谐。请同学们用手机记录下校园中遵守纪律的同学的风采，在班级投票评选“遵纪守法之星”，提交形式可以是照片，也可以是短视频。

欣赏与提升

1. 书籍：《要是我不遵守规则？》（[法] 碧姬·拉贝）

碧姬·拉贝编著的《要是我不遵守规则？》是“哲学鸟飞罗系列”丛书之一。

书中的主人公是六岁的菲卢和哲学鸟飞罗。

本书通过日常生活中的一个个小故事，而非哲学主题词来穿针引线，在引导讨论的同时，也鼓励独立思考。比如：

路上没有警察，菲卢让爸爸再开快一点儿！可爸爸不赞成菲卢的想法，他顺便跟菲卢说起了“法律”与“规则”……

虽然书是写给小朋友的，但也可以给我们带来启发，可以帮助我们更好地理解纪律与自由的关系。

2. 视频：《守法要从遵守学校的纪律做起》

无故旷课、夜不归宿、携带管制刀具，这些都是违反校规校纪的行为。不要以为违反校园纪律无所谓，很多违法犯罪行为就是从不遵守校园纪律开始的……

视频介绍的是真实发生的一些大学生违反校规校纪的行为，对我们有警诫作用。

感悟与收获

12 第12课　参与志愿服务

生命书签

人的生命是有限的，可是，为人民服务是无限的，我要把有限的生命，投入无限的为人民服务之中去。

——雷锋

我是春蚕，吃了桑叶就要吐丝，哪怕放在锅里煮，死了丝还不断，为了给人间添一点温暖。

——巴金

有一分热，发一分光。

——鲁迅

生命故事

在帮助别人的过程中，感受最纯粹的快乐

台风来袭，狂风骤雨，她带冲锋舟星夜驰援；

洪水滔天，寸步难行，她逆流而上转移群众；

余震不断，危险重重，她赶赴灾区运送物资……

哪里有急难险重，哪里就有她的身影——攀岩、潜水、冲锋驾驶；救生、破拆、医疗急救，能上山能下海，精通十八般“武艺”，只为冲在救援的第一线。她是福建蓝天救援总队队长陈素珍，平日里大家喜欢称呼她为“水草队长”。

2008年，四川汶川发生地震后，陈素珍带着自筹来的救援物资两次进川，而这次救援也在陈素珍的心中埋下了一颗种子。2009年，她带头组建了厦门第一支民间公益救援队——厦门蓝天救援队，从此与救援结下了不解之缘。十余年的时间，她带队辗转全国各地，洪灾、地震、台风……各种救援现场都有他们的身影，她用自己的行动和爱心，温暖了许多人。

在福建省蓝天救援队总部办公室墙上，几个大字“不求、无畏、付出”格外显眼，陈素珍说，这是“蓝天”的救援理念。台风天到海边劝导、巡马路、扶树，疫情期间团队天天在马路上穿着防护服，闻着消毒水巡逻……救援工作体现在日常的一点一滴中，

在陈素珍看来，“救援不仅在于轰轰烈烈的现场和简单的救治，还在于灾前的防灾减灾和灾后的援助”。

为了做好防灾减灾工作，陈素珍还到全国各地，深入学校、社区、企业、机关部门进行宣讲，“一年几百场，今年安排明年的课，5 月讲地震逃生、山体滑坡、泥石流、防踩踏、野外生存，夏天暑假讲水上安全自救”，她希望“人人都能自救、人人都能做灾难第一响应人”。

她的坚持也感染了身边的许多人，来自各行各业的志愿者踊跃加入救援队，如今救援队已有正式队员 2 000 多名，志愿者 5 000 多名。蓝天救援队已经成长为一支包含山地救援、海上救援、城市救援和心理救援等多项目的专业队伍。

“为什么做志愿者？因为快乐，这让我活出了千百倍的价值。”在记者采访的多位不同领域的志愿者看来，志愿服务就是一个热气腾腾的内心自然而然的选择。他们有的在纯粹的付出中，找到了意义和乐趣；有的因受人“玫瑰”，而选择将温暖传递；有的则在帮助他人的过程中，实现了自我价值的飞跃……是他们让这个社会更有温度、更有希望。

生命智慧

如今，志愿服务已经成为学生成长过程中不可或缺的特殊体验，做志愿者是一件很“潮”的事情。通过参与志愿活动，同学们不仅能拓宽生活圈子、获得发现不同世界的机会，也能激发出强烈的社会责任感，促进自我成长。

一、志愿者与志愿服务

联合国将志愿者（volunteer）定义为“自愿进行社会公共利益服务而不获取任何利益、金钱、名利的活动者”。志愿者可按照服务内容的不同分为消防志愿者、抗震救灾志愿者、奥运志愿者、社区志愿者、环保志愿者、网络志愿者等。

志愿服务是指自愿贡献个人的时间和精力，在不为获取任何物质报酬的前提下，为他人生活、国家建设和社会公共事业提供必要服务的活动。

参与志愿服务，在帮助他人、服务社会的同时也能传递爱心和传播文明。志愿服务可以有效地拉近人与人之间的距离，减少疏远感，对缓解社会矛盾、促进社会稳定有一定的积极作用。在参与志愿服务的过程中，志愿者一方面可以获得学习和锻炼的机会，在实践中培养自己的能力；另一方面可以发展良好的人际关系、培养友谊和积累丰富的生活经验。

中国志愿者协会标志

志愿服务具有自愿性、无偿性、公益性、服务性、组织性五大特征。

1. 自愿性

组织者公开招募，参与者自愿报名，充分尊重了当代青年平等参与的意识。正是由于青年志愿者行动以自愿参加为前提，参加行动的动力来自参与者本身，因而参与者更具有积极性和责任感，更容易坚持，也有利于志愿活动的持久和深入。

2. 无偿性

志愿者无报酬，志愿服务有成本。志愿者在志愿服务中付出时间、劳动、智力等，是不能获取报酬的，但为此付出的交通费用等成本，可由志愿服务组织、服务对象或企业，通过补贴的方式来帮助志愿者分担，也可通过提供保险、培训学习等方式，给予志愿者一定回报或保障。

3. 公益性

志愿服务最核心的特质就是拒绝私益。《中国志愿服务大辞典》对于“志愿服务”的定义中，明确提出“服务于非近亲属”。如学生回家做家务等，则不属于志愿服务。

4. 服务性

志愿服务强调非物质化的援助。如献血、捐款行为，本身是物质化援助，不属于志愿服务。但是参与献血动员宣传、服务于献血者等，是志愿服务。同样，在募捐中参与动员、宣传、组织管理等服务也是志愿服务。

5. 组织性

有组织的志愿服务能够极大地提升志愿服务贡献力，还有利于推动志愿服务的制度化、专业化发展。比如规范志愿者招募和培训等，更有助于志愿服务事业持续健康发展。

二、志愿者精神

联合国前秘书长科菲·安南指出：“志愿精神的核心是服务、团结的理想和共同使这个世界变得更加美好的信念。从这个意义上说，志愿精神是联合国精神的最终体现。”这句话指出了志愿精神的本质，表达了人们对志愿服务的由衷赞美。1994 年 12 月 5 日，胡锦涛同志在中国青年志愿者协会成立大会的贺词中指出，“使奉献、友爱、互助、进步的青年志愿者精神在青年一代中发扬光大”。

“奉献、友爱、互助、进步”的志愿者精神已为社会所广泛接受。

常言道：“送人玫瑰，手有余香。”志愿者精神是提升自我与服务社会的统一。在参与志愿服务的过程中，志愿者们付出了自己的汗水，为社会和他人提供了帮助；与此同时，他们的能力得到了锻炼，他们的精神获得了满足，他们的思想得到了升华。因此，志愿服务不仅是一种高尚的责任，而且是一种不可剥夺的权利。

三、做高素质的志愿者

1. 文明礼仪是形象

文明礼仪体现着志愿者的道德修养，将直接影响到志愿服务的质量和成效。文明礼仪应成为志愿者日常生活的一种习惯。一句礼貌用语看似平常，但它的背后是对别人的尊重，换来的是别人的真诚和理解。

2. 责任感是出发点

志愿者应把责任感作为参与志愿服务的根本出发点。志愿服务仅有热情是不够的，它不是一两次的新鲜的猎奇或探险，当所从事的志愿服务由陌生变为熟悉、由新奇变成平淡时，当你由兴奋归于平静、激情不在时，只有对社会的责任感、对其他需要帮助的人的责任感、对我们所生活的环境的责任感、对自己良心和良知的责任感，才能使我们坚持下来。

3. 有效沟通是虹桥

志愿者的工作离不开与他人的沟通，沟通技能已经成为志愿者从事志愿活动所必备的基本技能之一。掌握出色的沟通技能，能使志愿者顺利获得他人的理解和支持，从而在志愿服务过程中得心应手、游刃有余，顺利达到志愿服务的目标。

4. 专业技能是法宝

只有掌握扎实的专业技能才能为我们的受助对象提供最有力的帮助。正如曾任中国人民大学人文奥运研究中心副主任的胡波所说："在培训具有志愿服务意识和概念的志愿者后，我们挑选奥运志愿者的标准就只有两个字——技能。"技能已经成为志愿服务走向有效发展之路的必然要求。

相关链接

让志愿服务成为生活的一部分

厦门全市共有超过 82 万名注册志愿者，"志愿红"是厦门一道亮丽的风景线。2020 年来，在防疫抗疫、"爱心厦门"建设、扶贫帮困、环境保护、应急救援、文化惠民等多个领域，志愿者们以实际行动践行新时代文明，扮靓高素质高颜值厦门，文物保护、红树林保护、应急救援等专业队伍志愿服务工作成绩显著，全市涌现出4个全国学雷锋志愿服务先进典型、15个省级先进典型。

2021年,《厦门经济特区志愿服务条例》正式实施,3月5日是首个厦门市志愿者日,市委文明办以此为契机,部署开展2021年学雷锋志愿服务活动月活动,在全市掀起活动热潮,“有时间做志愿者”已逐渐成为市民们的一种时尚生活方式。

活动与分享

某大型博览会招募青年志愿者,共分为两类:一类是专业类志愿者,服务内容主要包括礼宾接待、语言翻译、讲解导游、安全保卫、医疗卫生等;另一类是基础类志愿者,服务内容主要包括游客服务、宣传咨询、展会支持、新闻运行支持和文化活动组织支持等。

一、问题思考

1. 我们可以参与这些志愿服务吗?为什么?

2. 你认为参与志愿服务,要具备哪些条件呢?

二、自我审视

如果你去应聘该博览会的志愿者,你有哪些优势?

1. 我具备的技能有:______________________________

2. 我能支配的时间是:______________________________

3. 我的奉献精神表现为:______________________________

4. 我还需努力的方向:______________________________

三、情景体验

假如你如愿当上了志愿者,在服务过程中,遇到以下情况,你会怎么做?

1. 外国朋友迷路了，你会怎么做?

2. 一位老爷爷在游玩的过程中晕倒了，你会怎么做?

3. 某位游客在排队进入场馆时因为插队与他人争吵起来，你会怎么做?

实践与思考

青年志愿者服务项目有很多，比如以下几种：

（1）扶贫服务：为偏远山区和贫困地区提供教育、农业科技推广、医疗卫生等方面的服务。

（2）家教服务：为困难家庭的子女或辍学学生提供补习功课等服务。

（3）社区服务：包括助老、助残、美化社区环境、倡导社区文明等服务。

（4）环保服务：组织绿色行动营、建设绿色行动基地，在重点区域开展植树造林、沙漠治理、水污染整治、清除白色垃圾等服务。

请以小组为单位，自选一个项目，参与一次志愿服务。

志愿服务组织计划表

活动项目	
活动时间	
活动地点	
活动内容	
活动方式	

欣赏与提升

1. 书籍:《亲历可可西里10年：志愿者讲述》(杨欣、邓康延、杨礁)

可可西里、藏羚羊如今已经为人们耳熟能详。可可西里的藏羚羊保护已经成为中国野生动物保护的一面旗帜。20世纪90年代，民间环保组织“绿色江河”走进可可西里，开始为可可西里的藏羚羊保护进行呼吁，“绿色江河”走过的10年，其实是“绿色江河”志愿者在可可西里奉献的10年。本书是“绿色江河”志愿者在可可西里的亲身经历、真情实感铸成的文字，他们的讲述能让读者触摸到真实的可可西里，让读者感受到康巴汉子同偷猎者做斗争的顽强与坚韧；同时，300多名志愿者在可可西里脚踏实地的无私奉献，又让身在城市的人找到了一个精神上的绿色支点。

2. 视频:《志愿服务条例》动画宣传片

《志愿服务条例》是为了保障志愿者、志愿服务组织、志愿服务对象的合法权益，鼓励和规范志愿服务，发展志愿服务事业，培育和践行社会主义核心价值观，促进社会文明进步而制定的法规。

感悟与收获

第五章

CHAPTER 5

生命与自然

13 第 13 课　善待动物有爱心

生命书签

仁者，以天地万物为一体。

——程颢

对所有生命的爱，是人类最高尚的品格。

——达尔文

生命故事

与黑猩猩的一世情缘

1960 年，一个英国女人前往东非坦桑尼亚开始研究野生黑猩猩，在临行前，很多人警告她，此行不可能有结果，因为人类不可能接近黑猩猩。但这个女人还是决定试一试，当时她才 26 岁。

1934 年 4 月 3 日，这个女人出生在英国伦敦，她从小痴迷于动物，并在母亲的影响下，开始像对待朋友一样对待动物。她刚满周岁时，伦敦动物园首次降生了一只小猩猩，母亲给她买了一个黑猩猩玩偶，取名“朱比里”，以示庆祝。有一次，花园里的几只蚯蚓被她捡到床上，和她一起睡觉。母亲并没有斥责她的古怪与疯狂，而是小心翼翼地将这些小动物放回它们自己的家。长大后她知道非洲的哺乳类动物最为丰富，所以一心想去非洲。

1957 年，这个没有学术背景且没有受过高等教育的姑娘，凭借一腔热忱只身来到肯尼亚，找到国家博物馆馆长、著名猿人类考古学家路易斯·利基，“只是想和他谈一谈动物”。利基非常欣赏她，邀请她担任秘书，协助自己研究自然与生物，并派她去坦桑尼亚观察野生黑猩猩。

1960 年 7 月，年仅 26 岁的她去到了如今坦桑尼亚境内冈比河畔的原始森林。为了观察黑猩猩，她在当地扎了一个帐篷，在野外度过了 38 年的考察生涯。

起初，黑猩猩对这位闯入其领地的白皮肤的不速之客纷纷躲避，她只能在 500 米外的地方观察它们。为求得黑猩猩们的认同，她力求保持和它们一致的生活习性：她在林中露宿，吃黑猩猩吃的果子，甚至像黑猩猩一样爬树，在林间行动。整整 15 个月过去了，黑猩猩们终于对她习以为常。她甚至把自己想象成一只母猩猩，模仿黑猩猩的叫声和动作，小心翼翼、一点一点地靠近猩群，并最终赢得了它们的信任。

通过观察，她有了许多惊人的发现。1960年10月，她发现黑猩猩会制作和使用工具，她看到黑猩猩折断树枝、剥去枝上的叶子、用光秃秃的树枝从白蚁巢中掏白蚁吃，这一发现打破了长久以来“只有人类才会制造工具”的观点。也是在同一年，她发现黑猩猩是杂食动物，而不是以前人类认为的素食主义者，因为她看见黑猩猩会狩猎，并食用丛林野猪、疣猪和其他小型哺乳类动物。同时，她发现黑猩猩也会像人类一样发动战争，与自己敌对的团体交战，并杀死自己的同类，甚至吃掉同类的尸体。她还发现，黑猩猩也像人类一样懂感情，每天要用两三个小时互相梳理皮毛、联络感情；而当它们久别重逢时，也会拥抱握手；同伴去世时，它们也会拥抱安慰同伴，甚至收养同类的孤儿。黑猩猩能够表达与人类比较相近的情感，例如幽默、愤怒、伤心及恐惧。

1965年，因为对黑猩猩的出色研究，她获得了英国剑桥大学的博士学位。她就是世界上拥有极高声誉的动物学家——珍妮·古道尔（Jane Goodall），可以说她是这个世界上最了解黑猩猩的人。

许多青少年问她，该如何去保护动物，该如何改变世界，她回答：“去做吧，做出改变，改变自己，影响自己的父母。如果我们都能一起努力，将理念传播给更多的人，世界就会变得更好一点，这就是我一直坚持下去的原因。”

生命智慧

动物一直以来都是人类最好的朋友——忠诚友善的狗，活泼可爱的鱼，能说会道的鹦鹉，机灵古怪的猴子……它们是生态系统中的重要成员，和人类一起共同维护着生态平衡，也处处影响着人类的生存发展和生活变迁。动物是人类的朋友，更是和人类命运与共的密切伙伴。

一、认识动物

究竟什么是动物呢？科学家们一直都在努力寻找一个“无一例外”的答案。可是到今天为止，科学界也只能从动物与植物的对比中给“动物”下一个概括的定义：动物是生物的一个主要类群，称为动物界（Animalia）。动物一般不能将无机物合成为有机物，只能以有机物（植物、动物或微生物）为食料来维持生命活动，因此，动物具有与植物不同的形态结构和生理功能，可以进行摄食、消化、吸收、呼吸、循环、排泄、感觉、运动和繁殖等生命活动。

科学家们将现存的人类已知的动物根据体内有无脊柱分为脊椎动物和无脊椎动物两大类。

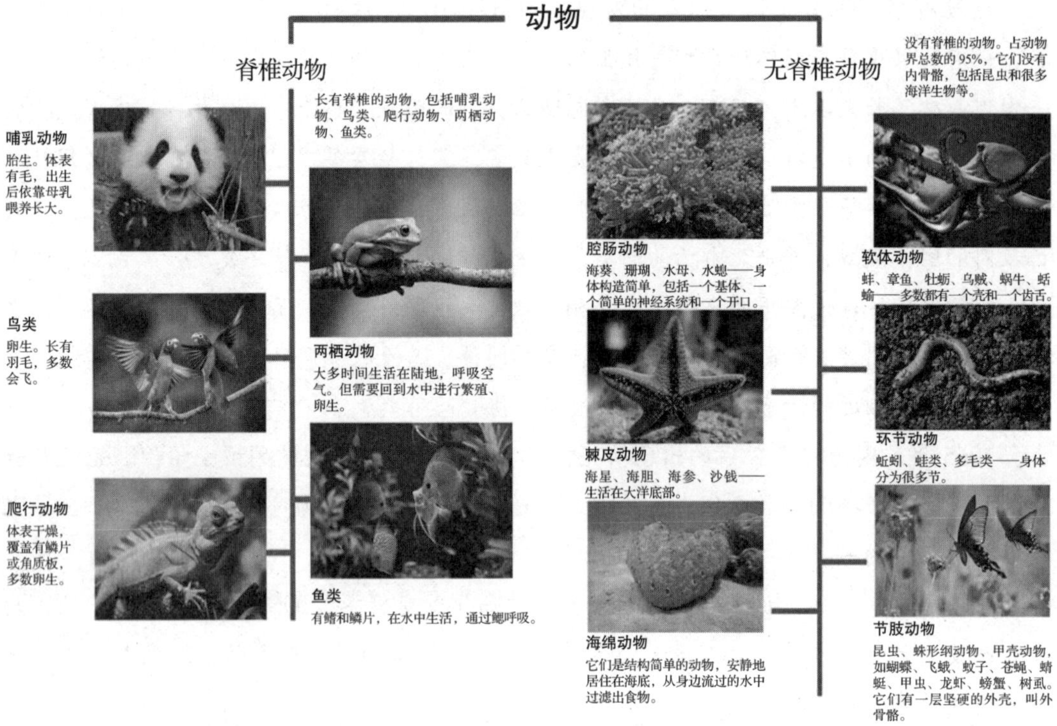

目前，人类已知的动物有150多万种，包括哺乳动物、鸟类、鱼类、爬行动物、两栖动物和种类繁多、数量庞大的无脊椎动物。最小的原生动物，肉眼是看不到的，而最大的哺乳动物蓝鲸，体重可达190吨。虽然它们大小不同、形态各异，但都有神经，有感觉，能活动，最重要的是，所有动物都以摄取食物来获得能量。

相关链接

我国的动物种类

我国动物多种多样，是世界上动物种类最多的国家，其中闻名世界的动物有大熊猫、金丝猴、羚牛等。根据《中国生物物种名录（2022版）》，我国的脊椎动物有8 000多种，其中哺乳类687种，鸟类1 445种，爬行类552种，两栖类548种，鱼类4 969种，约占世界脊椎动物种类的十分之一；另有昆虫及其他无脊椎动物55 685种。

二、了解动物的生存现状

近年来，不断听见稀有动物灭绝的消息，让人痛心疾首，当下动物的灭绝速度远远超过历史上的任何一个时期。它们的灭绝，大多是由人类的捕杀和环境破坏导致的。打开互联网，我们可以从世界上每一个角落看见不同程度的让我们触目惊心的图片：成千上万溺死在被石油污染的海水里的海鸟、被盗猎者割去长牙的大象、垂死挣扎的犀牛、长年累月被榨取胆汁的黑熊……

在工业社会到来之前，鸟类平均每300年灭绝一种，兽类平均每8 000年灭绝一种。但是，自从工业社会到来之后，地球物种灭绝的速度已经超出自然灭绝率的1 000倍。全世界1/8的植物、1/4的哺乳动物、1/9的鸟类、1/5的爬行动物、1/4的两栖动物、1/3的鱼类，都濒临灭绝，生物濒临灭绝的速度正在疯狂加快。

据《世界濒危动物红皮书》统计，20世纪有110个种和亚种的哺乳动物以及139个种和亚种的鸟类在地球上消失了。世界上已有593种鸟、400多种兽、209种两栖爬行动物濒于灭绝。以上资料只是人类所知的，不知道还有多少不知名的物种正在消失。

我国是动物资源极其丰富的国家，但我国很多动物种类已经灭绝或正处于濒危状态。我国是濒危动物分布大国，列入《濒危野生动植物种国际贸易公约》附录的原产于中国的濒危动物（指原产地在中国的物种）就有120多种。随着经济的持续快速发展和生态环境的日益恶化，我国的濒危动物种类还会继续增加。

每一个物种的消失，都是人类走向孤独的脚步，没有了动物的陪伴，人类还能走多远？

三、善待动物，从你我做起

世界动物保护协会曾警告："保护动物吧，不然世界上的最后一种动物是人类。"正如权威科普书籍《十万个为什么：动物》的导言《我们为什么要善待动物》中所说的："没有我们，动物世界依然繁荣，而没有了动物，我们不仅是孤独的绝大多数，更可怕的人类末日就真的来了。"

亡羊补牢，犹未晚矣。动物是人类的朋友，人类的生存离不开动物。如今，爱护动物已经是世界十大环保工作之一。那么，我们应该如何善待动物呢？一起来看看吧！

第一，尊重大自然的生存规律，不轻易插手自然界中的生存斗争。大自然的生存规则就是弱肉强食，人类不要随便插手，一旦破坏食物链，将会引起连锁反应。自然界的客观规律我们无法更改，也必须遵循。

第二，不滥捕、不猎杀动物，不从非法商贩处购买伴侣动物。不参与滥捕、猎杀动物的活动，积极举报有关猎杀或捕捉动物、贩卖或伤害国家保护动物的行为，对动物施以援手，让动物在大自然界能够长时间生存下来。

第三，不滥食野生动物，不穿用野生动物的皮毛做的衣服。没有买卖，便没有伤害，从自身做起，坚决不食用野味，远离野生动物皮毛做的衣服，在生活中以实际行动保护动物不受伤害。

第四，发现不明身份的动物之后，不轻易捕捉，对动物的身份进行核实。在自己居住的地方发现不明身份的动物之后，赶紧核实动物身份，不能辨认的话，可以请当地民警或动物专家来进行鉴别。

第五，对于流浪狗和流浪猫，条件允许的话，可以收养。大街上的流浪猫和流浪狗也需要一个温暖的家，有条件的话，自己可以试着进行收养；如果不便收养，也可以给它们一些食物，但千万不要虐待和伤害流浪动物。

第六，不遗弃、不虐待宠物，宠物也应当受到尊重和保护。保证宠物不受饥渴、伤害和疾病威胁；无论宠物年老、体弱、生病还是残疾，都不放弃、不抛弃它们。

第七，爱护环境，保护森林。不随意丢弃垃圾，以防动物误食或被困住导致窒息而亡；不破坏森林，保护好野生动物的家，做保护生态环境的模范。

第八，保护动物，从小事做起。保护动物，可以从身边的一些小事做起，比如大力宣传保护动物的好处，提高人们对珍稀动物的认知，让更多的人参与到保护动物的行动中来。

人们常说，善待动物，就是善待我们自己。如何对待动物体现了人们对待生命的态度，而对待生命的态度影响着人类社会的延续和发展。实现人与动物关系的和谐，需要我们从身边开始，从点滴做起，努力去认识它们、尊重它们，切实保护它们的基本权利，为它们创造良好的生存环境，和它们同享一片蓝天！

每一个生命都值得尊重，让我们行动起来，关爱生命，善待动物。

活动与分享

一、猜猜我是谁

同学们，动物是我们的好朋友，是和我们人类一样有着生命的精灵。接下来，让我们快乐地走进动物世界吧！

1. 数一数图片中一共出现了几种动物，并说出它们的名字。

2. 各小组派两位代表，一位同学观看动物图片后，不准出声，只能模仿动物的叫声或动作特征，而另一位同学则背对着图片猜是什么动物。让我们比比哪个小组把小动物的特征表演得最像，哪个小组猜得最准吧！

二、我们的故事

1. 说一说自己平时观察过或饲养过什么动物，可以从动物形态、喜欢吃的东西、生活的地方、运动方式等方面进行介绍。

2. 动物是我们的好朋友，那么大家与这些特殊的好朋友之间有过什么样的故事呢？请和同学们分享自己收集到的有关动物和爱的故事吧！

实践与思考

我们在行动

动物是人类的朋友，是地球上的合法居民，是生态系统的重要组成部分，更是大自然赋予人类的宝贵自然资源。

接下来，让我们一起走出课堂，走入奇妙的大自然，走近身边的动物。同学们可前往本地的动物园或到周边自然环境中，选择一种自己感兴趣的动物进行观察，认真探究和记录动物的特点和习性，并设计一份观察记录单。

快开启这场和可爱动物们的奇妙约会之旅吧！

动物观察记录单

观察对象		它是□哺乳动物□爬行动物□鸟类□鱼类□节肢动物 □其他 ______	
观察时间		观察地点	
观察记录	1. 它的外形： （包括颜色、长相、四肢、毛发、个头大小等）		
	2. 它的运动方式： □走□跑□跳□爬□飞□游□其他 ______		
	3. 它的生活习性： （包含食性、捕食方式、生活环境、睡觉方式、分布区域、独居还是群居等）		
	3. 你观察的时候它在干什么？ （细心观察动物的叫声和动作，如它们嬉戏、相互追逐争斗的情形等，感受它们的感情、情绪）		

我们在了解动物的同时，要树立保护动物的意识，共同保护动物的家园，与动物做永远的朋友！

欣赏与提升

1. 书籍：《50件关于保护动物的小事》（赵敏舒）

这本书让大家了解到犀牛、老虎、北极熊以及更多动物的生存正处于危险之中，而人类正在努力阻止它们的进一步消失。世界上的动物有千千万万，我们不可能都一一知道。但是你可知道，至今有多少种已经灭绝？又有多少种已经处在灭绝的边缘呢？本书号召大家携手，一起来保护动物。

2. 纪录片：《最大的小小农场》

本片讲述的是一个关于自然、生命与爱的故事。

只为了坚持对爱狗的承诺，约翰与莫莉这对夫妻索性去乡下开农场！本纪录片历时十年追踪这两位疯狂的梦想家和他们的爱狗，以及他们远赴乡间打造出的与自然和谐共存、物种多样的开心农场。从一片荒芜，到满山苍翠；从死气沉沉，到生机勃勃。他们种植了上万棵果树，两百种作物，并畜养了各种动物好朋友，包括一只令人难忘的猪妈妈艾玛，和她的公鸡男友油头。

这部纪录片起了一个看起来很矛盾的标题——“最大的小小农场”。农场只是一片 1 200 亩的土地，和周围的荒山野岭以及被工业化、集约化的农田相比——小；但，它蕴含的是一整个和谐共生、完整流动的生态圈。

感悟与收获

14 第 14 课 保护环境有热心

生命书签

万物并育而不相害，道并行而不相悖。

——《礼记·中庸》

大自然是善良的慈母，同时也是冷酷的屠夫。

——雨果

生命故事

厦门筼筜湖：“城市会客厅”的蝶变之路

走进福建厦门，总能欣赏到怡人的美景：鼓浪屿树影婆娑，花团锦簇；筼筜湖秀丽旖旎，白鹭翩跹；五缘湾海天一色，鱼翔浅底。即便是叫不上名的“口袋公园”，也都精巧别致，美不胜收。事非经过不知难。厦门人深知“高颜值”来之不易，谈起生态环境之变，要从 30 多年前的筼筜湖治理说起。

筼筜湖曾是一个天然避风港，渔船入夜停靠，灯火绵延，“筼筜渔火”更是厦门著名的“老八景”之一。20 世纪 70 年代，厦门向海要地，筑堤围湖，筼筜港成了筼筜湖。筑堤，阻断了水系。接下来，周边工厂沿湖兴起，湖水水质急转直下。当时湖区两岸有 125 家企业，造纸厂、制革厂、酿酒厂、电化厂……工业污水和生活污水一同排入，筼筜湖渐渐不堪重负。

生活在湖边的居民白志鹏，回忆起当年的情景不禁叹气：“在岸边走一遭，身上的气味半天散不去。”筼筜湖水常年墨黑，居民们甚至摸清了“规律”。老白苦笑道：“化工厂排的污水，冒着白色气泡；如果是酱油一样的颜色，那八成是酿酒厂和橡胶厂的污水……”污水横流，垃圾遍地，蚊蝇滋生，鱼虾绝迹——20 世纪 80 年代初，筼筜湖一度成了令人望而生畏的臭水湖。黑臭湖水刺痛了厦门人的“神经”，治理筼筜湖成了群众最期盼的事。

筼筜湖的污染问题，正是当时摆在厦门市民面前的一个重大发展课题：是不是要以生态环境为代价换取经济增长，发展与保护之间如何平衡？在厦门工作期间的习近平同志进行了深入的调研、思考。1988 年 3 月 30 日，厦门市政府召开“综合治理筼筜湖”专题会议，成立了筼筜湖治理领导小组，一场治理筼筜湖的硬仗从此拉开帷幕。习近平同志创造性地提出了治湖思路，可总结为 20 字方针——“依法治湖、截污处理、清淤筑岸、搞活水体、美化环境”。

1992 年，筼筜湖上迎来一场久违的龙舟赛，锣鼓声中，赛手急桨撇浪，两岸人山人海，这是对治湖成果的最好检验。

30 多年来，治理与保护始终同向而行。筼筜湖的治理每向前推进一步，都有不断升级的制度护航，实现了从点到面、由水下到岸上、从单一治理到联合共治的转变。筼筜湖之变，是生态样板，也是一扇窗口。透过这扇窗，窥见的是厦门绿色发展的生态自觉。

筼筜湖治理前后对比图

生命智慧

昔日筼筜湖畔行人掩鼻快走的场景早已不复存在，在夕阳的余晖中，低飞的鹭鸟与流连忘返的市民构成了一幅人与自然和谐相处的美丽画卷，筼筜湖成了厦门市民的“后花园”。2015 年以来，中共厦门市筼筜湖保护中心党总支开展了“市民湖长”创新模式。通过把市民群众、社区居民真正地请进来，让周边的百姓真正参与到其“后花园”的治理中，壮大筼筜湖治理的“朋友圈”，遵循“共建、共治、共享”理念，倡导“同爱一片湖，共建一个家”，形成多方参与、多方共管、多方推进的治理模式，让市民群众人人参与到筼筜湖的保护中。筼筜湖的治理实践给我们什么启示呢？为什么保护环境与我们每个人息息相关呢？我们又要怎么保护环境呢？

一、保护环境，人人有责

环境是人们赖以生存和发展的基础，生活在地球上的每一个人都有义务尽自己的一分力量保护自然，“共建”才能“共享”，保护环境需要你我共同参与。

1. 守护自然环境

自然环境是指环绕于生物周围的各种自然因素的总和，如大气、水、其他物种、土壤、岩石矿物、太阳辐射等，是生物赖以生存的物质基础。自然环境通常分为大气圈、水圈、生物圈、土壤圈、岩石圈等五个自然圈。

自然环境影响着人类生活，同时人类生活也影响着自然环境。一方面，自然环境为人类提供生存空间，人类又通过生产消费活动和生活消费活动将新陈代谢的产物和废弃物排放到自然环境中；另一方面，人类可以改造环境，环境又把它所受到的影响反作用于人类，例如：人类向大气中排放了过量的温室气体，导致了全球变暖；排放过量的酸性气体，导致了酸雨。

但并不是所有的人类活动都会对自然环境造成不良影响。自然环境系统有自身发展和内部调节的功能，如水的流动、大气的运动等自然净化和可再生自然资源的可再生性等。同时，人类活动在一定程度上也可以促进环境系统的自身发展和内部调节。当人类顺应自然的发生发展规律时，环境就向着有利于人类生存的方向发展；但如果人类对环境施加的影响超过一定限度，如当人类向环境索取资源的速度超过了资源本身及其替代品的再生速度，或者向环境排放废弃物的数量超过了环境的自净能力时，就会出现环境问题。

今天全球性的生态问题，从根本上说，是人类在发展经济和科技的过程中，没能正确认识和处理人类活动与自然生态的关系而导致的，或者说是没有正确认识和处理人类与环境的关系而导致的。

2. 保护生活环境

生活环境是指与人类生活密切相关的各种自然条件和社会条件的总和，它由自然环境和社会环境中的物质环境组成。生活环境按其是否经过人工改造来划分，可分为自然环境和人工环境；按从小到大划分，可分为居室环境、院落环境、村落环境、城市环境等；按其用途划分，可分为休息环境、劳动环境、学习环境、工作环境、旅游环境等。生活环境的保护与每个人生活质量的好坏息息相关。

随着城市化进程的加快和城市人口的膨胀，各种环境问题也日益凸显，当前我们面临着空气污染日益严重、水资源的污染与短缺并存、绿地覆盖率减少、噪声污染普遍存在、生活垃圾污染等一系列生活环境问题。

3. 维护校园环境

美丽的校园是我们每天学习、生活的地方，校园环境好坏对我们的学习和生活质量有着直接的影响。当我们在绿树成荫、花香弥漫的校园中漫步时，一定会感到心旷神怡。

优美的环境是要靠大家共同来营造的。但在美丽的校园中，也常常出现一些不和谐的音符，偶尔也有一些令人不满意的现象出现。如：走廊高墙上有人将喝完的奶茶瓶随手一放，教室里堆积成山的垃圾同学们视而不见，吃完烤肠的竹签往校园行道树上随手一插。这些不文明的行为刺痛你我的神经，作为新时代的学生，我们要约束自己的行为，承担起保护校园环境的责任。

相关链接

伟大的发明，可怕的破坏

塑料袋，曾被视为20世纪“最伟大”的发明，同时因不可降解、污染环境又被称作是20世纪“最糟糕”的发明。2008年6月1日起，我国政府正式实施“限塑令”，禁止超薄塑料袋的生产、销售和使用，禁止经营者向顾客无偿提供塑料购物袋。但是近些年来，随着外卖行业的迅猛发展，一次性塑料餐盒使用量迅速攀升，混杂着餐厨垃圾的“白色污染”愈演愈烈。也许你不知道，在遥远的海洋，许多“人类的朋友”却因为“你的便利”而丧生。

据央视新闻，我国载人潜水器“蛟龙号”从4 500米水深下带回的海洋生物体内竟检测出微塑料。这说明人类活动的污染已遍布全球。

从2007年到2013年的5年时间里，美国研究人员利用拖网从海洋中进行了24次塑料碎片的打捞。在逐一筛选和分析后，科学家列出了这些海域的塑料污染清单，其中包括浮标、鱼线、渔网、水桶、瓶子和袋子。2019年4月，意大利撒丁岛海滩冲上一头长达8米的抹香鲸尸体，它的胃里塞满22千克塑料垃圾，包括塑料袋、塑料杯盘、渔网鱼线，甚至还有毛巾床单，占胃容量的三分之二。海洋生物容易把一些塑料制品误当食物吞下，例如海龟就特别喜欢吃酷似水母的塑料袋；海鸟则偏爱旧打火机和牙刷，因为它们的形状很像小鱼，可是当它们将这些东西吐出来返哺幼鸟时，弱小的幼鸟很容易被噎死。

二、环境破坏，形势严峻

环境破坏是指人类不合理地开发、利用自然资源和兴建工程项目而引起生态环境的退化及由此而衍生的有关环境效应，从而对人类的生存环境产生不利影响的现象。如：生物多样性减少、水体污染、土地荒漠化、空气污染等。环境破坏造成的后果往往需要很长的时间才能恢复，有些

甚至是不可逆的。目前我们身边的环境常常面临以下几大问题。

1. 空气污染

煤炭作为我国的主要能源，被广泛地应用于生产与生活当中，而煤炭在转化成热能的过程中，释放出来的污染物极多，造成的大气污染十分严重。大量污染物未被处理就被释放到空气中，使大气中的 PM2.5 严重超标。再加上近年来私家车数量不断增长，高排量汽车大批投入使用，给大气增添了不小的负担。

2. 水体污染

随着城市人口的不断增加和城市工业的快速发展，用水量与日俱增，同时生活污水和工业废水的排放量也是非常惊人的，而这些污水和废水，许多都是未经处理而直接排到江河湖海中去，这就直接污染了江河水源。全国有 36% 的城市河段为劣五类水质，丧失使用功能。大型淡水湖泊（水库）和城市湖泊水质普遍较差，75% 以上的湖泊富营养化严重，主要由氮、磷污染引起。我国大约 1/3 的城市常年处于缺水状态。

3. 绿地减少

城市寸土寸金，为提高居住率，高楼大厦如同雨后春笋般拔地而起，而与此同时绿地面积则在日益减小。越来越多的绿地被开发利用成工厂、高楼、广场等，城市绿地的多种环境功能正在逐步丧失，这已经成为十分尖锐的环境问题。

4. 噪声污染

建筑施工噪声、工厂机器噪声、汽笛噪声等噪声污染已经成为我国四大污染之一，严重影响着人们的生活和健康。在我国，超过 60% 的人正遭受着噪声的困扰。长期处于噪声之中，极易引发耳鸣、耳聋等多种疾病，还容易造成精神紧张，加大情绪波动。

5. 垃圾污染

城市人口密度大，生活垃圾污染已经成为不容忽视的问题。全国城市生活垃圾年产生量为 1.4 亿吨，达到无害化处理要求的不到 10%；塑料包装物导致的白色污染已蔓延至全国各地。城市生活垃圾不仅数量非常巨大，而且多种多样，可回收的、不可回收的，无污染的、有污染的……各种垃圾混杂在一起，被深夜忙碌的垃圾车送到郊外深埋或者直接倾倒进河里。那些有污染的垃圾就造成了水源和土地的污染，那些可回收的垃圾也失去了被再利用的机会。

雨果曾说："大自然是善良的慈母，同时也是冷酷的屠夫。"人类若是不善待自然，大自然就会用无情的方式惩罚人类。历史上就曾发生过许多次大自然"惩罚"人类的事件。

相关链接

伦敦烟雾事件

英国一直是个多雾的国家，但是从19世纪末期的工业革命开始，烟雾就更加严重了，首都伦敦也逐渐有了“雾都”的外号。1952年12月5日开始，伦敦上空受反气旋影响，大量工厂生产和居民燃煤取暖排出的废气难以扩散，积聚在城市上空。伦敦被浓厚的烟雾笼罩，交通瘫痪，行人只能小心翼翼地摸索前进。市民不仅生活被打乱，健康也受到严重侵害。许多市民出现胸闷、窒息等不适感，发病率和死亡率急剧增加。直至12月9日，笼罩在伦敦上空的烟雾才被一股强劲而寒冷的西风吹散。据统计，当月因这场大烟雾而死的人多达4 000人。此次事件被称为“伦敦烟雾事件”，成为20世纪十大环境公害事件之一。

三、人与自然和谐共生

人生活在天地之间，以天地自然为生存之源、发展之本，人在与自然的相互作用中，创造和发展人类文明。同时，人与自然的关系经历了从依附自然到利用自然，再到人与自然和谐共生的发展历程。当人们合理、有序地开发利用自然资源时，大自然会回馈以丰厚的奖赏，但当人们大肆掠夺、破坏性地开发利用自然资源时，大自然也会毫不客气地回赠惩罚与灾难。

今天，人类社会正日益形成这样的共识：人因自然而生，人与自然是一种共生关系，对自然的伤害最终会伤及人类自身，这个客观规律谁也无法抗拒。“绿水青山就是金山银山”，保护好环境才能有效促进社会经济快速、稳定的发展，只有绿水青山才能源源不绝地带来更多的金山银山。

保护生态环境需要国家强制力保障实施。要依靠制度、依靠法治，建立权责明晰、奖罚分明的生态文明制度，制定环境保护法律法规，对破坏生态环境的行为进行严惩，为保护生态环境提供有效保障。

相关链接

长江禁渔十年

在过去几十年快速、粗放的经济发展模式下，长江付出了沉重的环境代价。一些人竭泽而渔，采取“电毒炸”“绝户网”等非法作业方式，最终形成了“资源越捕越少，生态越捕越糟，渔民越捕越穷”的恶性循环，长江生物完整性指数已经到了最差的“无鱼”等级，流域内的白鱀豚、中华鲟、达氏鲟、白鲟、长江江豚等国家重点保护野生动物濒临灭绝。实施禁捕，让长江休养生息，迫在眉睫。2020 年 1 月，农业农村部发布关于长江流域重点水域禁捕范围和时间的通告，宣布从 2020 年 1 月 1 日 0 时起开始实施长江十年禁渔计划。长江十年禁捕，退捕上岸渔船共计 11.1 万艘，涉及渔民 23.1 万人。

环境保护是全世界人类共同面临的问题，作为学生，我们也可以为身边的环境保护贡献自己的智慧与力量。虽然一个人的行为也许微不足道，但把我们每一个人的力量联合起来，便足以托起一种文明，一种人与自然和谐共生的文明。对于我们普通学生来说，应如何做到人与自然和谐共生，共绘美丽中国呢？我们可以一同践行城市绿色生活“5R 原则”：

节约资源，减少污染（Reduce）：如节水、节纸、节能、节电，多用节能灯，外出时尽量骑自行车或乘公共汽车等。

绿色消费，环保选购（Reevaluate）：如选择低污染低消耗的绿色产品，以扶持绿色市场，支持发展绿色技术。

重复使用，多次利用（Reuse）：如尽量自备购物包，自备餐具，尽量少用一次性用品。

分类回收，循环再生（Recycle）：如实行垃圾分类，循环回收，在生活中尽量地分类回收可重新利用的资源。

保护自然，万物共存（Rescue）：如救助濒危物种，拒绝食用和使用野生动物及其制品，制止偷猎和买卖野生动物的行为。

空气中污染物超标、土壤被重金属污染、城市被垃圾包围、生物正以超出我们想象的速度灭绝……这不是我们的家园该有的模样。保护还是破坏，决定权在你我手中。保护环境，低碳生活，守护共同的家园，人人都是行动者！

活动与分享

一、美丽中国践行者

请同学们结合自己的日常生活，反思自己在日常生活中有哪些不环保的行为，以及将来要怎么改进这些不好的行为，用自己的实际行动交出一份绿色答卷，做美丽中国的践行者，守护我们共同的家园！

美丽中国践行者

自我纠察：

未来我可以这么做：

二、低碳生活宣讲者

请同学们利用微信朋友圈、抖音等社交媒体，转发“绿色低碳生活倡议”，向自己周围的亲朋好友宣传“绿色低碳生活理念”。

我编辑的内容：

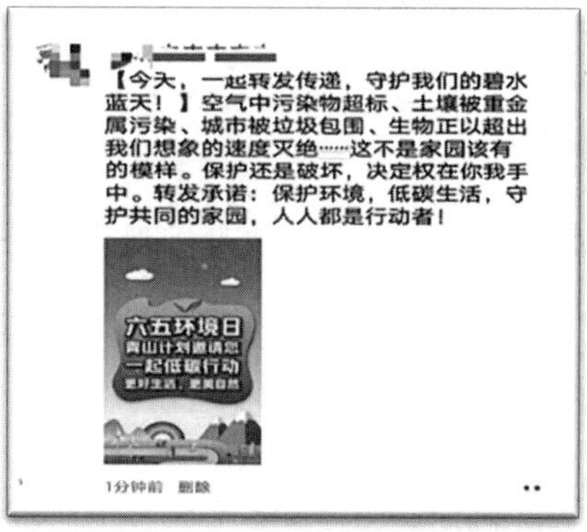

实践与思考

美丽校园维护者

在校园中总是存在一些与建设美丽校园的理念相违背的现象，例如：班级同学责任意识不强，经常逃避值日生工作；校园外卖垃圾堆积如山；垃圾分类落实不到位；随地乱扔或者往隐蔽的草丛中乱扔垃圾；宿舍环境脏乱等。观察思考身边存在的这些现象，请同学们以小组为单位开展一次爱国爱校卫生志愿者活动，并记录下你的活动过程。

欣赏与提升

1. 书籍：《低碳生活》（金冶、吕佳芮）

本书既包含生动形象的漫画，又包含丰富有趣的环保科普理念和知识，紧紧围绕低碳生活理念展开，向读者们介绍了生活中方方面面的低碳常识，包括低碳小常识、家庭低碳生活、家居低碳节能、低碳休闲娱乐、低碳办公五部分精彩内容。同学们阅读后可以从身边小事做起，深度参与低碳行动，促进人与自然的可持续发展。

2. 纪录片：《塑料海洋》

该纪录片揭示了塑料污染问题的严峻性，向我们展示了它对水生生物和人类的健康造成的巨大威胁。现在，全球所有的海洋和海滩都面临着塑料污染的侵袭，而且问题还在不断恶化之中。《塑料海洋》让我们进一步了解了塑料对生态环境的破坏和危害。

感悟与收获

15 第15课　垃圾分类有决心

生命书签

世界上没有垃圾，只有放错地方的宝藏。

——但丁

继农业革命、工业革命、计算机革命之后，影响人类生存发展的又一次浪潮，将是在世纪之交时要出现的垃圾革命。

——托夫勒

生命故事

从2003年开始，江西省义安村邓小红一家在全村率先进行垃圾分类。因连续十五年坚持实施垃圾分类处理，践行“绿色环保，从我做起”理念，邓小红一家被江西省评为2018年“最美家庭”。

邓小红是一名普通的农村妇女，十几年前的义安村垃圾乱堆、河水又脏又臭，她就提出不乱丢垃圾、要对家里的垃圾进行分类。刚开始时丈夫王祥有还不能理解，觉得“就是多管闲事，瞎操心”。可是当他看着自家庭院越来越干净漂亮，听着路人不时地赞叹，心里感觉美滋滋的，于是也主动加入进来。邓小红的丈夫还写了一份倡议书发给全村的农户，倡导大家进行垃圾分类处理。邓小红一家人就这样坚持了十几年，影响了更多的村民一起改善农村环境。现在，全镇农户基本实现了垃圾分类处理，义安村也被评为“全国首批绿色村庄”。

生命智慧

生态环境保护和污染防治离不开公民的环保意识，更离不开公民的环保行为。实行垃圾分类，事关广大人民群众生活环境改善，事关中国绿色发展、可持续发展，具有非常重要的意义。实行垃圾分类，一方面可以实现垃圾源头减量化，缓解近年日益严重的垃圾围城现象，改善垃圾末端处理能力跟不上、处理难度大等问题；另一方面能够实现垃圾的资源化再利用，综合利用垃圾生产新产品，获得更高的经济利益，促进绿色发展方式和绿色生活方式的形成。

一、垃圾分类懂规则

垃圾分类，是按一定规定或标准将垃圾分类储存、投放和搬运，从而将其转变成公共资源的一系列活动的总称。分类的目的是提高垃圾的资源价值和经济价值，力争物尽其用，减少垃圾处理量和处理设备的使用，降低处理成本，减少土地资源的消耗，具有社会、经济、生态等几方面的效益。

生活垃圾一般可分为四大类：可回收垃圾、厨余垃圾、有害垃圾和其他垃圾。

1. 可回收物

可回收物（再生资源）是指回收后经过再加工可以成为生产原料或者经过整理可以再利用的物品。主要包括纸类、塑料类、玻璃类、金属类、织物类等。

（1）纸类：报纸、纸板箱、图书、杂志、各种本册、其他干净纸张、各类利乐包装牛奶袋、饮料盒（需冲洗晾干）。

（2）塑料类：各种塑料饮料瓶、塑料桶、塑料盆（盒）。

（3）玻璃类：玻璃瓶、平板玻璃、镜子。

（4）金属类：铝质易拉罐，各类金属厨具、餐具、用具，民用金属制品。

（5）织物类：桌布、旧衣服、书包等。

2. 厨余垃圾

狭义的厨余垃圾是有机垃圾的一种，泛指家庭生活饮食中所用的来源生料及成品（熟食）或残留物，可分为熟厨余垃圾和生厨余垃圾。熟厨余垃圾包括剩菜、剩饭、菜叶；生厨余垃圾包括果皮、蛋壳、茶渣等。广义的厨余垃圾还包括用过的筷子、食品的包装材料等。

3. 有害垃圾

有害垃圾是指对人体健康有害的重金属、有毒的物质或者对环境造成现实危害或者潜在危害的废弃物。主要包括：废药品、废杀虫剂、废消毒剂、废油漆、废溶剂、废矿物油、废化妆品、废荧光灯管、废温度计、废血压计、锂电池等。

4. 其他垃圾

其他垃圾是指除上述几类垃圾之外难以回收的废弃物，通常根据垃圾特性采取焚烧或者填埋的方式处理。主要包括：使用过的卫生纸、复写纸、传真纸、婴儿纸尿布、餐巾纸、烟蒂、陶瓷制品、鞋类、木质玩具、雨鞋、木质家具、橡胶制品等。

相关链接

垃圾分类小误区

误区一：大棒骨是厨余垃圾。

事实上，大棒骨因为“难腐蚀”被列入“其他垃圾”。类似的还有玉米核、坚果壳、果核等。

误区二：厕纸是纸，也可回收。

厕纸、卫生纸遇水即溶，不算可回收的“纸张”，类似的还有陶器、烟盒等。

误区三：厨余垃圾装袋扔进桶。

常用的塑料袋，即使是可以降解的也远比厨余垃圾更难腐蚀。此外，塑料袋本身是可回收垃圾。正确做法应该是将厨余垃圾倒入“厨余垃圾”桶，塑料袋另扔进“其他垃圾”桶。

误区四：啤酒瓶收破烂的都不要了，算其他垃圾吧。

啤酒瓶属于可回收物，可以和报纸等放在一起，收集多了一起卖掉。如果嫌它放在家里占地方，就投放在小区里蓝色的“可回收物”箱里，环卫工人会将其收集起来。

误区五：塑料制品都属于其他垃圾。

除塑料袋外的塑料制品，比如泡沫塑料、塑料瓶、硬塑料、橡胶及橡胶制品，都属于可回收物。

误区六：速冻饺子、豆腐包装盒，都是厨房里产生的垃圾，当然是厨余垃圾。

一次性餐具、食品包装袋都属于“其他垃圾”。另外，用过的餐巾纸、卫生间的纸，还有抽过的烟头、旧衣物，也属于“其他垃圾”。

误区七：吃完的花生壳算其他垃圾。

吃完的花生壳应该算厨余垃圾。家里用剩的废弃食用油，目前也归为厨余垃圾。

误区八：残枝落叶算其他垃圾。

残枝落叶及家里开败的鲜花属于“厨余垃圾”，而尘土属于“其他垃圾”。

误区九：热水瓶胆和废旧灯管一样，属于有害垃圾。

热水瓶胆本身是玻璃的，有一层很薄的水银，应该划为其他垃圾。另外，像修正液之类，毒性不强，也可以归为其他垃圾。一般有危害性和传染性、易燃易爆的才划为有害垃圾，比如头发造型用的摩丝，装在压力容器中，易燃易爆；再比如用剩的香水，里面的酒精成分多，易挥发，应作为有害垃圾处理。

二、垃圾分类好处多

未分类的垃圾随意投放，会对我们赖以生存的环境造成巨大危害，同时也会浪费地球资源，不符合绿色生活的理念。随意投放垃圾主要有以下危害。

1. 侵占土地

生活垃圾中有些物质不易降解，会使土地受到严重侵蚀。

2. 造成环境污染

废弃的电池中含有金属汞、镉等有毒物质，会对人类健康造成严重的危害；土壤中的废塑料会导致农作物减产；抛弃的废塑料被动物误食，导致动物死亡的事故时有发生。

3. 浪费资源

中国每年使用塑料快餐盒达 40 亿个，方便面碗 5 亿～ 7 亿个，一次性筷子数十亿双，这些占生活垃圾的 8% ～ 15%。1 吨废塑料可回炼 600 千克的柴油。回收 1 500 吨废纸，可使用于生产 1 200 吨纸的林木免于被砍伐。一吨易拉罐熔化后能炼成一吨很好的铝块，可少采 20 吨铝矿。生活垃圾中有 30% ～ 40% 可以回收利用，如果不进行分类处理，这些资源就会被视为垃圾浪费掉。

4. 威胁人类健康

各种电池类垃圾若不分类处理，就会释放有害物质；剩余餐饮类垃圾若不分类处理，将会滋生蚊子、苍蝇，使细菌大量繁殖，产生的沼气甚至会使垃圾爆炸；家庭装修后的废弃物会导致头痛、过敏、昏迷甚至癌症；将近 50% 的杀虫剂含有致癌物，有些还会损伤肝脏。

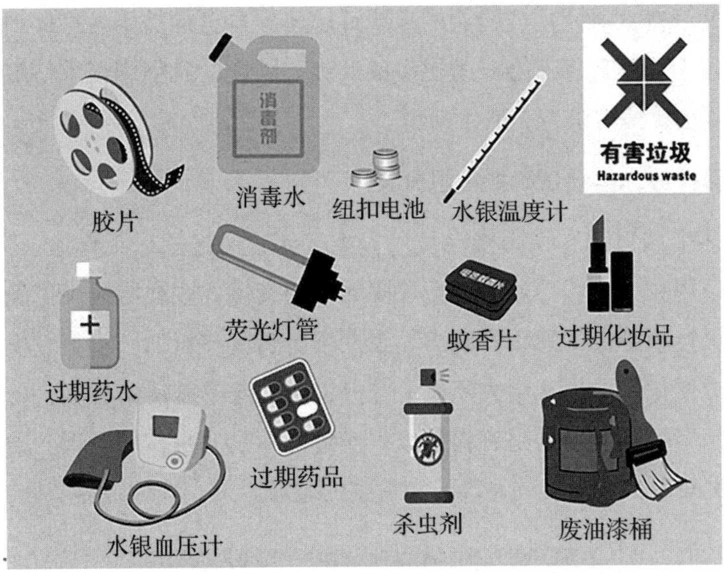

因此，我们要做到分类处理垃圾，提高垃圾的资源价值和经济价值，力争物尽其用。做好垃圾分类投放有以下好处：

（1）可回收垃圾直接送到有关工厂里重新加工，废物利用。比如：1 吨废纸可再造 800 千克的好纸；回收电池可提取稀有金属锌、铜和二氧化锰；回收废塑料可以回炼为燃油。

（2）厨余垃圾，如剩饭剩菜、蛋壳果皮、菜帮菜叶等，可以堆积起来，使废弃物的纤维质和有机质腐化，变成肥料来改善土壤。

（3）有害垃圾，如废日光灯管、过期药品等可以集中起来焚烧，使垃圾的危害性降到最低。

（4）其他垃圾，如陶瓷、渣土等难以回收，又不危害环境，可以有效填埋，减少对地下水、土壤和空气的污染。

垃圾分类非常有必要，赶紧参与到垃圾分类的行动中，保护我们的地球家园吧！

三、垃圾分类要行动

在日常生活中做好垃圾分类，需要注意以下几点。

1. 不要乱扔垃圾，养成保护环境的习惯

保护环境，人人有责，我们生活在地球上，得到了自然给予的各种资源，得以生存、繁衍，因此我们也有保护地球环境的责任。在日常生活中，每个人都应该学会正确的垃圾投放方法，而不是嫌麻烦乱扔乱倒。

2. 不要铺张浪费，减少垃圾源的制造

随着经济社会的发展，人们生活水平日益提高，许多人开始为了所谓的面子、排场、

虚荣心等而过度消费，所使用或购买的东西远远超出自己的需要，这种铺张浪费的行为不仅不理智，还十分不环保，会产生更多的垃圾。因此，我们应该秉持绿色、环保的理念，为生活做减法，按需消费，适量即可。

3. 不要盲目投放，学会正确的垃圾分类

目前全国多个城市都在大力推动垃圾分类工作，通过社区工作站、物业、宣传栏、智能柜等平台以视频、宣传手册、标识等多元化的宣传方式教给居民正确的垃圾分类知识，以提高居民垃圾分类的意识和能力。在网络上引起热议的“小猪垃圾分类法”更是以一个有趣又方便记忆的形式给大家做了区分：猪能吃的是厨余垃圾，可以卖钱买猪的是可回收垃圾，猪吃了会死的是有害垃圾，连猪都不吃的是其他垃圾。居民们应该有意识地去学习分类知识，正确投放垃圾，为后续的垃圾运送、处理等环节提供便利。

4. 不要心存侥幸，主动以身作则

系统科学的垃圾分类管理开始得越早，我们所生活居住的环境质量就会越高。因此，我们应该学习更先进的垃圾管理观念，主动以身作则，在已实行分类的区域可以通过自己的自觉行为影响周边人，鼓励其他居民的垃圾分类投放行为；在未实行分类的区域也可以做出表率，组建或参与社区志愿队伍，向邻里宣传环保理念，为社区环境保护贡献自己的力量等。

在学校，我们可以在教室中设置分类垃圾桶，讨论制定日常垃圾分类执行规则，指定专人成立垃圾分类小组，负责班级的日常垃圾分类监督工作，并负责好班里的垃圾分类宣传工作，定期对班里的垃圾分类、回收情况进行总结、改进。

在家中，我们可以多收集有关垃圾分类的信息和知识，设置分类垃圾桶，并向家人宣传垃圾分类的重要性，引导并鼓励家人在日常生活中进行正确的垃圾分类，并记录每位家庭成员的垃圾分类执行情况，互相监督。

在户外，我们可以随身携带若干小垃圾袋，将外出时随身产生的垃圾分别放入不同的垃圾袋内，当看到公共区域设置的分类垃圾桶时，将这些垃圾分别扔进对应的垃圾桶内；时刻向身边人宣传“垃圾分类、保护环境”的理念，若看到乱扔垃圾的不文明行为，应该及时予以提醒和制止。

垃圾分类，从我做起！

活动与分享

一、歌谣朗诵

垃圾分类歌谣一

垃圾分类我做起，科学有序倒垃圾。
垃圾分类要坚持，创建文明靠大家。
垃圾分类不再难，幸福天下每个人。

垃圾分类歌谣二

认清四色垃圾桶，垃圾分类要清楚。
蓝色大桶可回收，变废为宝好颜色。
绿色大桶装剩菜，变成肥料来灌溉。
红桶垃圾最有害，电池灯管就是它。
灰色大桶装其他，烟头渣土来安家。

垃圾分类歌谣三

大家一起来环保，垃圾分类最重要。
可回收，丢蓝色，有害垃圾丢红色。
厨余垃圾是绿色，其他垃圾用灰色。

二、垃圾分类知识竞答

1. 能放入红色垃圾桶的废弃垃圾有哪些？（　　）

A. 美容化妆品、油漆桶　　B. 毛巾、酒瓶

C. 玻璃茶杯　　D. 卫生间废纸

2. 下列哪组均属于其他垃圾？（　　）

A. 鸡蛋壳、普通玻璃　　B. 牛皮纸、塑料袋

C. 一次性饭盒、玉米棒子　　D. 金属厨具、塑料玩具

3. 下列哪组均属于可回收物？（　　）

A. 灰土、打印纸、毛巾　　B. 纸杯、空调、瓷器

C. 玻璃杯、电脑　　D. 日光灯管、塑料袋

4. 居民家庭中的装潢垃圾应如何处理？（　　）

A. 堆放到小区垃圾桶旁边

B. 放入“其他垃圾”收集桶内

C. 放到小区指定投放点或联系环卫部门进行有偿运输

D. 随便扔

5. 下列哪组均属于厨余垃圾？（　　）

A. 保鲜膜、菜叶　　B. 土豆皮、大骨头

C. 酱油瓶、剩饭　　D. 香蕉皮、枯树叶

6. 下列不属于厨余垃圾的是（　　）。

A. 剩饭剩菜　　B. 残枝落叶

C. 甘蔗　　D. 口香糖

7. 废旧锂电池属于（　　）。

A. 其他垃圾　　B. 有害垃圾

C. 可回收垃圾　　D. 厨余垃圾

8. 使用过的餐巾纸属于（　　）。

A. 有害垃圾　　B. 其他垃圾

C. 厨余垃圾　　D. 可回收垃圾

9. 罐头盒和桌布在垃圾分类中属于（　　）。

A. 罐头盒是可回收物　　B. 桌布是其他垃圾

C. 都是可回收垃圾　　D. 罐头盒是其他垃圾

10. 破损的快递纸盒属于（　　）。

A. 其他垃圾　　B. 有害垃圾

C. 可回收物　　D. 厨余垃圾

实践与思考

一、为垃圾分类写 3 条标语

1.

2.

3.

二、为垃圾分类画一幅宣传画

欣赏与提升

1. 书籍：《法国人的房间没有垃圾桶》（[日]美香帆纱）

没地方可扔，垃圾自然就少了！作者经过与众多法国家庭深入交流，介绍了法国人不花钱的简单生活："只在打折时买衣服""用餐一盘搞定"……生活原来可以那么节省，那么实际。阅读本书，一起发现充实内心、不被物质左右的生活灵感吧！

2. 纪录片：《垃圾场》

本片从艺术的视角关注底层民生，试图通过对垃圾的艺术转换来改变垃圾拾荒者（材料再利用分类者）的生活，同时让世界关注他们的生存状况。我们制造和生产物质资料，享受和消费后，丢弃的垃圾成了供养我们的这个星球的负担。有这样一群拾荒者，他们像清道夫，谋生的同时将污染和浪费降到最低。而当垃圾转换成艺术时，拾荒者因艺术行为所带来的价值认同，可以不再自卑，可以大声而自豪地告诉周围的朋友："我在垃圾场工作！"

感悟与收获

第六章

C H A P T E R 6

生命与安全

16 第16课　正确应对挫折

生命书签

故天将降大任于是人也，必先苦其心志，劳其筋骨，饿其体肤，空乏其身，行拂乱其所为，所以动心忍性，曾益其所不能。

——孟子

卓越的人一大优点是：在不利与艰难的遭遇里百折不饶。

——贝多芬

生命故事

胡萝卜、鸡蛋、咖啡豆的故事

将三碗水放在火上烧热，第一个碗里放入红萝卜，第二个碗里放入鸡蛋，第三个碗里放入咖啡粉，煮十五分钟后，将里面的材料取出。红萝卜本来是硬的，现在软了；鸡蛋的里面本来是软的，现在变硬了；咖啡的粉末不见了，但是水变了颜色并且有了香醇的味道。

如果将开水比喻成挫折，有的人就像胡萝卜，由健康坚强变得软弱自卑；有的人就像鸡蛋，由内心柔软善良变得坚硬冷漠；而有的人却像咖啡粉，使水变得醇香，改变挫折。

生命智慧

一个没有经历过苦难的人，他的人生会缺失内涵；一个没有经历过失败的人，他的生命会不够丰富。人生中本来就有许多艰难困苦，要成为生活中的强者，就要学会一分为二地看待挫折，没有前面失败的教训，我们就无法取得后面的成功。

一、什么是挫折

什么是挫折呢？挫折就是人们在前进的道路上遇到的各种坎坷与不如意。通俗来讲就是“碰钉子”，遇到困难。

二、挫折的特点

1. 普遍性——挫折无处不在

人生在世，没有谁可以一帆风顺，每个人都会遇到挫折。即使是那些看起来已经获得成功的人，也会遇到各种困难。

2. 多样性——挫折是多种多样的

我们的一生中遇到的挫折可能会有很多种，在不同时期遇到的挫折是不同的。比如，现在我们遇到的是学习方面的挫折、人际交往的挫折，毕业后会遇到找工作的挫折等。而且我们每个人遇到的挫折也是不一样的。

3. 两面性——挫折是一把双刃剑

一天，一只茧上裂开了一个小口，有个人正好看到这一幕：蝴蝶艰难地将身体从那个小口中一点点地挣扎出来，但几个小时过去了，蝴蝶似乎没有任何进展。它似乎已经竭尽全力，不能再前进一步了。这个人实在看得心疼，决定帮助一下蝴蝶。他拿来剪刀，小心翼翼地将茧破开。蝴蝶很容易地挣脱出来了。但是它的身体皱巴巴的、很小，翅膀紧紧地贴着身体。这人并不知道，蝴蝶从茧上的小口挣扎而出，是必经的过程，它要通过这个过程将体液从身体挤压到翅膀，这样它才能在脱茧而出后展翅飞翔……

破茧成蝶的故事说明经历挫折是成功的必要过程，挫折能够帮助我们成长。

4. 主观性——挫折存在于自己心中

不同的人看待同一挫折的态度是不一样的，有的人觉得这是一个很大的困难，但有的人却认为没什么大不了的；人在不同时期看待挫折的态度也不一样，当你长大后回过头来看你现在遇到的挫折，或许就会觉得其实根本不值一提。很多时候，挫折只存在于我们自己的心里。

相关链接

跳蚤实验

跳蚤是动物界的跳高冠军。实验者将跳蚤放进玻璃杯里，在上面再加上一个玻璃罩，当跳蚤们跳起时，便重重地撞到玻璃罩掉下来。一次次被撞后，跳蚤开始根据玻璃罩的高度来调整自己所跳的高度，在罩下自由地跳动。当实验者把玻璃罩拿掉后，跳蚤还是按照调整的那个高度跳。一周以后，那些可怜的跳蚤还是那么跳，它们已经无法跳出玻璃杯了。

三、战胜挫折的方法

1. 战胜挫折三天法

第一天：面对突如其来的挫折，没有心理准备，痛苦不堪是可以理解的，要允许自己难过伤心，甚至是萎靡不振。

第二天：痛苦的情绪得到缓解，可以理智地对遇到的挫折进行冷静分析，自我检讨，找出受挫的原因。

第三天：采取有效的补救措施，积极应对挫折。

2. 战胜挫折三颗心

平常心：以急功近利或一蹶不振等走极端的心态面对挫折，你会很痛苦。用一颗平常心对待身边的事物，你的挫折感就会大大降低。

自信心：自信的人不是不会失败，而是自信地面对失败，相信自己有能力战胜挫折。

求助心：当通过自我调节不能摆脱挫折带来的痛苦时，寻求他人的帮助就显得尤为必要。在他人的帮助下，我们可以改变内心的压抑状态，身心得到放松，目光也会看得更远。

活动与分享

一、挫折行李

请同学们认真思考自己最近遇到（或印象最深刻）的挫折，并在本页上写下来，请组长收齐后放在讲台上打乱。

每个同学随机从里面拿走一个挫折，如果愿意将自己原本的挫折换成手中拿到的这个挫折，就留下来。如果不愿意，可以在教室中找其他人，如果对方愿意，可以交换挫折；如果对方不愿意，就继续与其他同学尝试交换。

在此过程中如果发现自己的挫折，不管对方愿不愿意，你都有权将其要回。

我的挫折：

二、扑克牌塔体验

每个小组6人，一副扑克牌。两张牌底部分开约5厘米，上端靠在一起，拼出一个倒“V”的形状，或者说一个小三角形，要试着寻找平衡点，让它们在不借助任何外力的情况下也屹立不倒。旁边再搭一个小三角形，之间相隔大约1厘米。取一张牌盖在两个小三角形上面。在刚才横盖着的牌面上再搭一个小三角形，这样就搭好两层了。在最底层的三角形旁再加一个小三角形，按照之前的步骤往上搭，底部有三个三角形便是三层，四个就是四层，以此类推。每个小组的目标是七层，在小组达不到目标的时候感受挫折体验，讨论应对挫折的方式。

我的感受：

实践与思考

书签制作

找一句自己喜欢的关于战胜挫折的名言警句，制作成书签，时刻自我勉励。

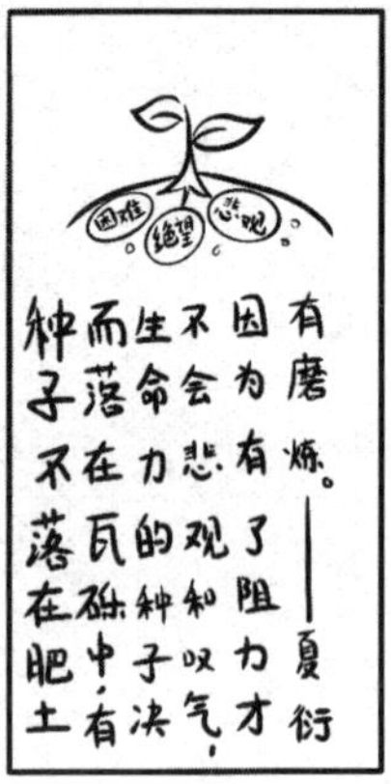

我选择的名言警句是：

欣赏与提升

1. 书籍：《活着》（余华）

《活着》展现了一个又一个人的死亡过程，掀起了一波又一波苦难的波浪，展现了一种种面对死亡的可能的态度。书中着重描写人对苦难的承受能力，对世界乐观的态度。没有比活着更美好的事，也没有比活着更艰难的事。“活着”，具有深刻的含义。

2. 视频：《尼克·胡哲》

尼克·胡哲，澳大利亚演讲家，他天生没有四肢，只有左侧臀部以下的位置有一只带着两个脚趾头的小“脚”。虽然身体上有残疾，但他多年来自强不息，凭借乐观向上的人生态度和激情洋溢的演讲，感动了无数人。

感悟与收获

17 第 17 课　不惧校园欺凌

生命书签

勿以恶小而为之，勿以善小而不为。

——刘备

己所不欲，勿施于人。

——孔子

暴力是盲目的野兽。

——丁尼生

生命故事

2017 年 2 月 28 日，在北京市西城区的一所职业学院内，一名女学生朱某伙同另外四名女学生在学校女生宿舍楼内，采取恶劣手段殴打、辱骂两名女同学，并用手机拍摄了羞辱、殴打视频，事后还在自己的微信群内进行了小范围传播；其中一名被害人，当天先后被殴打了三次。经鉴定，两名被害人均构成轻微伤，其中一名被害人精神抑郁，无法正常生活、学习。

2017 年 11 月 2 日，北京市西城区人民法院对这起校园欺凌案进行宣判。五名犯罪时未满十八岁的被告人分别被判处有期徒刑。

生命智慧

近年来，国内外校园欺凌事件时有发生，严重影响了学生的身心健康和学业发展。校园欺凌行为，不但违反校规校纪、破坏校园气氛，而且违反社会公德，甚至违反法律。今天，让我们一同来了解校园欺凌、识别校园欺凌、拒绝校园欺凌，共筑和谐校园。

一、校园欺凌需小心

1. 什么是校园欺凌

校园欺凌是指发生在校园内外，学生之间，一方（个体或群体）单次或多次蓄意或者恶意通过肢体、语言及网络等手段对另一方（个体或群体）实施欺压、侮辱，对其造成人身伤害、财产损失或者精神损害的行为。

2. 校园欺凌中的角色

欺凌者，是指在校园内外实施欺凌行为的一方，包括主要欺凌者，欺凌协助、支持者。主要欺凌者指欺凌事件的“主犯”，即在欺凌事件中起主要作用或组织、领导作用的人，这样的欺凌事件参与者一般在三人以上；欺凌协助、支持者不是欺凌行为的发起人，但在欺凌开始后加入或协助欺凌。部分欺凌协助者受到主要欺凌者的恐吓、威胁，属于被迫参与欺凌。

被欺凌者，是校园欺凌事件中的最大受害者，在校园欺凌行为中是处于弱势的一方。

旁观者，既不是欺凌者，也不是被欺凌者。他们不是校园欺凌事件的参与者，但目睹或听闻了校园欺凌事件的发生，在校园欺凌行为中处于旁观的位置。旁观者的“作为”效应能遏制欺凌行为，进一步减轻或缓解被欺凌者所受的心理伤害，并增加他们的亲社会行为；旁观者的“不作为”效应或欺凌起哄行为（助威者）则会助长欺凌行为，减轻欺凌者的自责与内疚感，加剧对被欺凌者造成的伤害并催生他们的反社会行为。

这三个角色随时可能发生相互转变，在欺凌事件中他们所处的位置不同，做出的反应也会有所不同。

相关链接

一个点赞引起的横祸

14 岁的小丹在学校附近的小广场旁被几个年纪相仿的学生暴打。第一次被打是 8 月 13 日，6 天后的 8 月 19 日，小丹再次遭到了更多人更严重的殴打，小丹一次都没有还手。此事牵扯到来自不同学校的十几名学生，打人的学生年龄最小的 11 岁，最大的 13 岁。他们一边打小丹，还一边录视频，发布到各个学校的 QQ 群里。

> 小丹遭此毒打的起因仅仅是小丹在某App里发了短视频，有个姓谢的女孩子给小丹点赞，而小丹不希望对方给自己点赞，结果引发口角，最终导致了此次欺凌事件。

2017年联合国教科文组织报告《校园暴力和欺凌》数据显示，32.5%的学生遭到过校园欺凌。其中，30%的人选择沉默。全球每年都有2.46亿学生因遭受欺凌而痛苦。同学们已经了解了什么是校园欺凌，下面我们来学习如何识别和应对校园欺凌。

二、校园欺凌会识别

1. 校园欺凌的特点

（1）重复发生：欺凌行为会在一段时间内重复发生，而不是单一偶发事件。

（2）具有恶意：欺凌者蓄意欺压及伤害他人。

（3）权力不平衡：以强凌弱，以众欺寡，欺凌是在受害者未能保护自己的情况下发生的。

同时具备以上三个特点的行为，就会被界定为欺凌。总括来说，欺凌是指一个人或一群人，以强凌弱或以众欺寡，恃势不断蓄意伤害或欺压别人的行为。

2. 校园欺凌的方式

（1）言语欺凌：对他人进行辱骂、讥讽、嘲弄、挖苦、恐吓、威胁等，或给他人起外号。

（2）身体欺凌：对他人施以打、踢、抓咬、推搡、勒索、抢夺等身体动作。

（3）关系欺凌：利用同伴关系和社会操纵，将被欺凌者排挤出团体之外，或切断其社会联系。

（4）财物欺凌：损毁他人文具、衣服等物品；向他人索要钱财。

（5）网络欺凌：通过电子媒体对他人进行骚扰、羞辱和伤害。

如果你遇到以上这些情况，那么可能是遭遇了校园欺凌，请同学们不要慌张，通过有效的方式应对，可以让自己摆脱困境。

三、校园欺凌懂应对

当我们遭遇校园欺凌时，可以通过以下方式应对。

1. 学会宽容

在学校不主动与同学发生冲突，学会宽容，更不要成为施暴者。

2. 主动求救

向值得信赖的人请求帮助，不管遭遇了怎样的恐吓，不要独自承受身体和心理上的创伤，忍气吞声只会让施暴者变本加厉。

3. 使用法律

用法律武器捍卫自己的权利，不要以暴制暴，那只会让你从一个受害者变成施暴者，一不小心就可能触犯法律，受到严惩。

4. 拒绝冷漠

不要冷漠对待被欺凌者，那也是一种加入欺凌的方式。

当同学们遇到校园欺凌的时候，既不要保持沉默，那会让施暴者越发嚣张放肆；也不要以暴制暴，那会让自己成为暴力的牺牲品。

校园欺凌就犹如藏在我们身边的一颗毒瘤。同学们要在课堂上了解校园欺凌，学会识别校园欺凌，一旦在生活中遇到校园欺凌，不要惊慌失措，我们可以选择正确的方式保护自己。

四、校园欺凌怕法律

我国许多法律法规和政策文件都包含对“校园欺凌”相关内容的规定，这些法律文件从人权、未成年人保护等角度出发，对“校园欺凌”可能涉及的方面进行了规定。

1.《刑法》

第二百三十四条　故意伤害他人身体的，处三年以下有期徒刑、拘役或者管制。

犯前款罪，致人重伤的，处三年以上十年以下有期徒刑；致人死亡或者以特别残忍手段致人重伤造成严重残疾的，处十年以上有期徒刑、无期徒刑或者死刑。本法另有规定的，依照规定。

第二百四十六条　以暴力或者其他方法公然侮辱他人或者捏造事实诽谤他人，情节严重的，处三年以下有期徒刑、拘役、管制或者剥夺政治权利。

前款罪，告诉的才处理，但是严重危害社会秩序和国家利益的除外。

通过信息网络实施第一款规定的行为，被害人向人民法院告诉，但提供证据确有困难的，人民法院可以要求公安机关提供协助。

2.《民法典》

第一百一十条　自然人享有生命权、身体权、健康权、姓名权、肖像权、名誉权、荣誉权、隐私权、婚姻自主权等权利。

第一千零一十条　违背他人意愿，以言语、文字、图像、肢体行为等方式对他人实施性骚扰的，受害人有权依法请求行为人承担民事责任。

第一千零一十一条　以非法拘禁等方式剥夺、限制他人的行动自由，或者非法搜查他人身体的，受害人有权依法请求行为人承担民事责任。

第一千一百七十九条　侵害他人造成人身损害的，应当赔偿医疗费、护理费、交通费、营养费、住院伙食补助费等为治疗和康复支出的合理费用，以及因误工减少的收入。造成残疾的，还应当赔偿辅助器具费和残疾赔偿金；造成死亡的，还应当赔偿丧葬费和死亡赔偿金。

3.《未成年人保护法》

第三十九条　学校应当建立学生欺凌防控工作制度，对教职员工、学生等开展防治学生欺凌的教育和培训。

学校对学生欺凌行为应当立即制止，通知实施欺凌和被欺凌未成年学生的父母或者其他监护人参与欺凌行为的认定和处理；对相关未成年学生及时给予心理辅导、教育和引导；对相关未成年学生的父母或者其他监护人给予必要的家庭教育指导。

对实施欺凌的未成年学生，学校应当根据欺凌行为的性质和程度，依法加强管教。对严重的欺凌行为，学校不得隐瞒，应当及时向公安机关、教育行政部门报告，并配合相关部门依法处理。

相关链接

《加强中小学生欺凌综合治理方案》

2017年，教育部、中央综治办、最高人民法院、最高人民检察院、公安部、民政部、司法部、人力资源和社会保障部、共青团中央、全国妇联、中国残联等11部门共同印发了《加强中小学生欺凌综合治理方案》，明确将语言及网络欺凌纳入校园欺凌范畴，提出了指导学校切实加强教育、组织展开家长培训、严格学校日常管理及定期展开排查四项欺凌预防措施。

活动与分享

一、案例分析

6月9日中午，内蒙古呼和浩特市一所中学的初二年级学生小宇放学时在校外被十多名同校学生及社会青年围殴，其间他被连砍数刀，导致手臂等身体多处部位受伤。

据当事人小宇说：6月8日中午，他在“小饭桌”和同年级同学小木（化名）打游戏时赢了对方，小木为此辱骂了他，小宇一气之下踢了小木一脚。6月8日下午，小木所在班级的十几名男生来到小宇所在的班级，其中有人指着小宇对小木的同学小阳（化名）说：“就是他踢的小木。”此时，小宇的同学上前解围说：“老师快来了，别惹事儿。”于是小阳等人便离开了。

6月9日中午放学后，小宇走到校门口时遇到了小阳，小阳把小宇叫到距离校门口不远处的一家小卖部，此时一下出来十几个身着本校初三年级校服的学生和几名社会青年，他们随后将小宇带到学校旁边一个居民区，这时又来了几名社会青年。小宇回忆说：“他们上来就对我拳打脚踢，还有几个人拿刀砍我，我开始还能躲闪，后来只能用手护着头蹲在地上。大概七八分钟后，学校的一名体育老师隔着学校的栅栏看到有人在打架，于是吼了一声，这些人才一哄而散。随后，这名老师拨打了110、120。”

事件经过：根据视频显示，当时有十多名身着校服的学生以及多名社会青年出现，其中有三人手中拎着刀，有两人先后挥刀砍向小宇，还有一名身着校服的学生不断踢打他，小宇一直在躲闪，并用手臂隔挡。一群人围着蹲在地上的小宇不知道在说什么。在视频的最后，这些学生和社会青年从现场一哄而散。

根据案例故事，结合本课知识进行分析：此次事件中，欺凌者是谁？被欺凌者是谁？有没有旁观者？如果你遇到此类事件，会怎么做？

二、“法官”判案

相关法律法规规定的处罚：

刑法：管制、拘役、有期徒刑、无期徒刑、死刑等。

治安管理处罚法：警告、罚款、行政拘留等。

民法：医疗费、护理费、住院伙食补助费、营养费、精神损害赔偿等。

学校的校纪校规：警告、严重警告、记过、留校察看、开除学籍。

“法官”们，请你们判判案！

案例 1：

井某某与朱某某均系在校学生。20×× 年 3 月 28 日，井某某与朱某某等人在路上偶遇，因言语不和，朱某某等人殴打了井某某。同年 4 月 1 日，井某某到网吧找朱某某等人未果，随即离开。朱某某等人听说后即骑摩托追赶，井某某被追上后，见朱某某来势汹汹，即持匕首捅刺朱某某，朱某某亦持斧头将井某某面部划伤。经鉴定，朱某某的损伤构成轻伤，井某某的损伤构成轻微伤。

案例 2：

原告刘某与被告王某某、廉某某、董某某、张某某、朱某某均系某初级中学同班同学。在操场上上体育课时，五被告将原告抬起扔到空中，摔落在地，致使原告刘某受伤，构成十级伤残，造成各项经济损失共计 61 428.1 元。

实践与思考

拒绝校园欺凌承诺书

我郑重向家长和老师承诺，牢固树立杜绝校园欺凌意识，从我做起，严格规范自己的行为，我保证做到以下几点：

1. 和同学和睦相处，不给同学起绰号，不勒索同学钱财，不辱骂、戏弄、讽刺、孤立同学，不用暴力解决同学间的矛盾。与同学发生矛盾，要积极寻求老师、家长、学校和相关部门的帮助，不私自寻求社会人员的介入。

2. 发生针对自己的暴力侵害事件，积极报告老师和相关部门，不隐瞒。

3. 发现针对同学的欺凌事件，积极报告老师和相关部门，不做冷漠的旁观者。

4. 绝不参与其他人组织的针对同学的暴力活动，发现该种隐患立刻报告老师和相关部门。

5. 不以自我为中心，与同学发生矛盾时，首先站在对方角度思考，建立良好的心态。

6. 不携带危险物品和管制刀具进入学校，发现其他同学携带时，及时报告老师和学校。

7. 不恶意排斥、诋毁、辱骂、欺辱他人。不利用微信、QQ 等网络手段造谣生事，不蓄意挑起他人事端，不传闲话。

承诺人：

日　期：

欣赏与提升

1. 书籍：《如何应对校园欺凌》（[美]芭芭拉·科卢梭）

《如何应对校园欺凌》是一本非常实用的帮助父母和老师及学生应对欺凌现象的书。书中详细分析了欺凌现象中的三种角色——欺凌者、被欺凌者和旁观者，他们各自的行为表现、心理状态以及可能的成因，阐述了每种角色可以如何做出改变，父母和老师可以提供怎样的帮助和指导。

2. 电影：《少年的你》

一心想要通过高考来摆脱命运的高三女生陈念因为跳楼自杀的同学披上校服而成为新的被施暴者。她想要平平静静地参加高考，但霸凌总是如影随形，陈念向警察指出了魏莱的校园欺凌，魏莱被退学了，但是她不知悔改，甚至觉得是陈念的错而继续欺负她。后来，陈念偶然救了街头的年轻混混小北，小北成了陈念的保护者。然而魏莱还是使计将小北支开继续欺负陈念，这次霸凌被不知名大叔拍下了证据，大叔要求魏莱求得陈念原谅才删除视频。魏莱害怕证据对自己不利去和陈念谈判，态度却是趾高气扬的，拉扯中魏莱因意外摔下阶梯死亡。

在紧张的叙事节奏之下，电影在讲好故事的同时，努力引发观众的关注和思考：为何会发生这样的事情？如何避免重演？

感悟与收获

18 第 18 课　远离毒品诱惑

生命书签

（鸦片）流毒于天下，则为害甚巨，法当从严。若犹泄泄视之，是使数十年后，中原几无可以御敌之兵，且无可以充饷之银。

——林则徐

青春不是挥霍的筹码，健康才是宝贵的财富。请慎重做出你的选择。

——张伯礼

生命故事

一位吸毒大学生的真实故事

小峰是家中的独子，从小到大他都备受父母的宠爱。早年间，父母下海经商，为他创造了优渥的生活条件，从小学到大学，他一路坦途。

无知懵懂　让他和毒品第一次亲密接触

一次，小峰在和比自己年长几岁的朋友聚会时，没有抵住诱惑，接触了毒品。“许是太年轻，许是太愚钝，在茫茫人海中我竟然分不清谁是真正的朋友。15 岁那年，我在所谓的朋友带领下，开启了一扇黑暗之门”，多年后，回忆起第一次与毒品亲密接触，他仍印象深刻。

感染艾滋　这是早晚的事儿

2017 年 5 月，在一次例行体检之前，小峰已得知自己感染了 HIV 病毒。“经常吸毒的人都知道，得艾滋是早晚的事儿。我们经常共用吸毒用具。”小峰低头轻诉，像是在讲述别人的经历。

在拿到体检报告的那一刻，他有一种被世界遗弃的感觉，浑浑噩噩地回到家后他将所有看不顺眼的东西摔得粉碎，“忍无可忍的父亲抬手打了我一记耳光，我愤而与生我养我的父亲扭打在一起，不顾妈妈的劝阻离家出走”。此后，他彻底走在了吸毒和寻找毒品的路上，也成了自己曾经很鄙视的那类人。世上没有不透风的墙，2017 年 8 月，他在学校吸毒被人举报，当即被校方开除。

生活为我关上一扇门　又为我打开一扇窗

进入戒毒所后，他的心情久久不能平静，看到戒毒警察们更是一脸憎恨，憎恨自己受困于这方天地。

来这里的第一天晚上，戒毒民警马文杰和他促膝长谈，从个人到家庭，从讲解艾滋病知识到如何丈量生命宽度。“他知无不言，言无不尽，从他的言谈举止里，我没有看到一丝歧视的意思，他像一位邻家大哥那样劝导一个失足少年迷途知返。其实，这些日子一直想跟他说声谢谢，是他让我懂得了怎样为人子女，如何过好当下，也是他在我最迷茫的时候像那大海中的灯塔照亮我前进的航向。”小峰感言。

入戒毒所四个月后，他终于看到了朝思暮想的双亲。“迎上他们饱含关怀的目光我羞愧难当，看到妈妈往昔如墨的秀发泛起了白花，曾经壮硕的父亲日渐消瘦，我不禁失声痛哭。此后，父母每个月都会舟车劳顿上百里只为了和我相聚几十分钟。”

如今的他，徜徉在书籍的海洋，以三天阅读一本书的速度如饥似渴地吮吸着书中的精华。“就像人们所说的，生活为我关上一扇门，又为我打开一扇窗，这里更像是一所特殊的学校，让我学到很多知识，更让我燃起新的希望。”

生命智慧

毒品，特别是隐藏在暗处的新型毒品改头换面、乔装打扮成“潮牌饮料”“网红食品”，试图诱惑青少年跌入无尽的黑暗深渊。提升青少年抵御新型毒品的能力，增强识毒、防毒、拒毒意识，需要你我共同参与，不懈努力。

一、识毒品——毒品及其分类

1. 什么是毒品

根据《中华人民共和国刑法》第三百五十七条、《中华人民共和国禁毒法》第二条的规定，毒品是指鸦片、海洛因、甲基苯丙胺（冰毒）、吗啡、大麻、可卡因以及国家规定管制的其他能够使人形成瘾癖的麻醉药品和精神药品。

毒品种类很多，范围很广，分类方法也不尽相同。根据毒品的流行时间顺序，我国将其分为传统毒品和新型毒品。

2. 我国常见的传统毒品

传统毒品指滥用较早的直接从原植物中提取、加工而成的阿片类毒品。

（1）鸦片。

鸦片又叫阿片，俗称大烟，由罂粟果实中流出的乳液经干燥凝结而成，因产地不同而呈黑色或褐色，味苦。生鸦片经过烧煮或发酵，制成精制鸦片，吸食时有一种强烈的香甜气味。吸食者初吸时会感到头晕目眩、恶心或头痛，多次吸食会上瘾。

（2）吗啡。

吗啡是从鸦片中分离出来的一种生物碱，在鸦片中的含量为 10% 左右，为无色或白色结晶粉末状，具有镇痛、止咳、止泻等作用，吸食会产生欣快感，比鸦片容易成瘾。长期使用会引起精神失常、谵妄和幻想，过量使用会导致呼吸衰竭而死亡。

（3）海洛因。

海洛因的化学名称为二乙酰吗啡，俗称白粉，由吗啡加工制作而成，镇痛作用是吗啡的 4 ～ 8 倍，医学上曾广泛用于麻醉镇痛，但成瘾快，极难戒断。长期使用会破坏人的免疫功能，并导致心、肝、肾等主要脏器的损害。注射吸食还能传播艾滋病等疾病。

（4）杜冷丁。

杜冷丁即盐酸哌替啶，是一种临床应用的合成镇痛药，为白色结晶状粉末，味微苦，无臭，其作用和机理与吗啡相似，但镇静、麻醉作用较小，仅相当于吗啡的 1/10 ～ 1/8。长期使用会产生依赖性，被列为我国严格管制的麻醉药品。

（5）大麻。

大麻为桑科一年生草本植物，分为有毒大麻和无毒大麻。无毒大麻的茎、秆可制成纤维，籽可榨油。有毒大麻主要指矮小、多分枝的印度大麻。大麻类毒品主要包括大麻烟、大麻脂和大麻油，主要活性成分为四氢大麻酚。大麻对中枢神经系统有抑制、麻醉作用，吸食会产生欣快感，有时会出现幻觉和妄想，长期吸食会引起精神障碍、思维迟钝，并破坏人体的免疫系统。

（6）大麻脂。

大麻脂是从大麻植物中提取出来的树脂，其四氢大麻酚的含量大大高于大麻烟，常以过滤、打浆的方式收集，多压缩成块状。因固定成形的方式不同，其硬度、形状也不同，有些块状有凹形花纹、文字，一般是毒品产地的商标记号。

（7）古柯。

古柯是生长在美洲大陆、亚洲东南部及非洲等地的热带灌木，是南美洲的传统种植物。

古柯树株高 1.5 ～ 3 米，生长周期为 1 年 3 ～ 4 次。古柯叶是提取古柯类毒品的重要原料。

（8）可卡因。

可卡因是从古柯叶中提取的一种白色晶状的生物碱，是强效的中枢神经兴奋剂和局部麻醉剂，具有很强的成瘾性。它能阻断人体神经传导，产生局部麻醉作用，并可通过加强人体内化学物质的活性刺激大脑皮层，兴奋中枢神经，表现为情绪高涨、好动、健谈，有时还会表现出攻击倾向。

3. 我国常见的新型毒品

新型毒品主要是指人工合成的化学合成类毒品，而鸦片、海洛因等麻醉药品是用毒品原植物再加工的半合成毒品，所以新型毒品又叫"实验室毒品""化学合成毒品"。这类毒品在我国主要从 20 世纪末、21 世纪初开始在歌舞娱乐场所中流行开来。

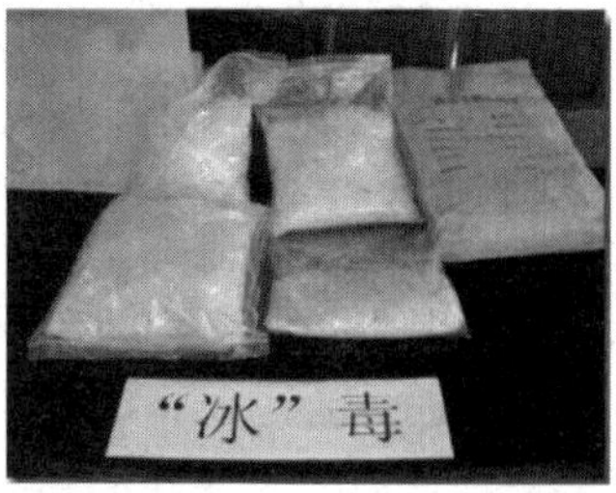

（1）冰毒。

冰毒即"甲基苯丙胺"，外观为纯白结晶体，故被称为"冰"（Ice）。冰毒对人体中枢神经系统具有极强的刺激作用，且毒性强烈。冰毒的精神依赖性很强，吸食后会产生强烈的生理兴奋，大量消耗人的体力和降低免疫功能，严重损害心脏、大脑组织甚至导致死亡；还会造成精神障碍，使人产生妄想、出现错觉，从而引发暴力行为。

（2）摇头丸。

摇头丸是冰毒的衍生物，以亚甲二氧甲基苯丙胺（MDMA）等苯丙胺类兴奋剂为主要成分，具有兴奋和致幻双重作用，滥用后会有随音乐剧烈摆动头部的表现，故称为摇头丸。摇头丸的精神依赖性强，并可诱发精神分裂症及急性心脑疾病。

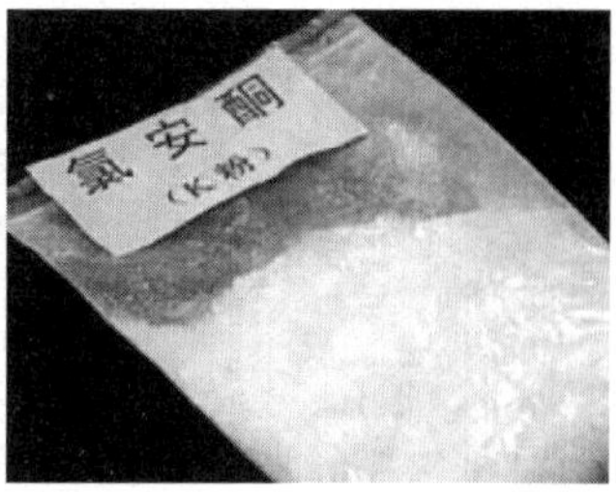

（3）K 粉。

K 粉，即氯胺酮，呈白色粉末状，在医学临床上一般作为麻醉剂使用，无臭，易溶于水，通常在娱乐场所滥用。服用后遇快节奏音乐便会剧烈扭动，会导致神经中毒反应、精神分裂症状，出现幻听、幻觉、幻视等，对记忆和思维能力造成严重的损害。

（4）三唑仑。

三唑仑又名海乐神、酣乐欣，为淡蓝色片剂，是一种强烈的麻醉药品，口服后可以迅速使人昏迷晕倒，故俗称"迷药""蒙汗药""迷魂药"。可以伴随酒精类共同服用，也可溶于水及各种饮料中，见效迅速，药效比普通安定强 45 ～ 100 倍。

（5）止咳水。

止咳水通常含有可待因、麻黄碱等成分，具有成瘾性，服用后会出现昏昏欲睡、便秘、恶心、情绪波动、睡眠失调等症状，大量服用能抑制呼吸，长期服用会形成心理依赖。其戒断症状类似海洛因，吸食者往往最终转吸海洛因才能满足毒瘾。滥用可导致抽筋、神志失常、中毒性精神病、昏迷、心跳停止及呼吸停顿引致窒息死亡。

除此之外，我国常见的新型毒品还包括咖啡因、安钠咖、麦司卡林、迷幻蘑菇、甲卡西酮、安定、GHB（γ-羟基丁酸，俗称“听话水”）、LSD（麦角酸二乙基酰胺）等。

相关链接

新型毒品迷惑性和欺骗性更高

与传统毒品相比，新型毒品更加隐蔽，能够在短时间内使人感到轻松、愉悦，还会使人出现幻觉，甚至与时尚、享乐、狂欢等符号联系在一起，因此对年轻人具有很强的迷惑性和欺骗性。

在吸毒者中，由于无知、好奇被他人引诱而吸毒贩毒的青少年比例最高。青少年正处在生理、心理发育时期，好奇心重，辨别是非能力不强，自我控制能力低，社会经验少，易受到同辈群体的影响。这些特点如果再加上家庭不和睦、孤独寂寞、不良交往和对毒品的错误认知等因素，便极易导致毒品滥用。

我国在华南一些地区针对在校中学生的一项流行病学调查发现，处方药和非处方药有可能成为青少年滥用毒品的“入门药”，特别是有吸烟饮酒史、同学关系差、住校和独居的学生更容易滥用药物。

二、知危害——毒品祸害无穷

1. 摧残吸毒者身心健康

首先，吸毒会对身体产生毒性作用。常年吸毒会使得机体功能失调并产生组织病理变化，主要表现有：嗜睡、感觉迟钝、运动失调、幻觉、妄想、定向障碍等。

其次，吸毒还会使吸毒者产生一定的精神障碍。吸毒所致最突出的精神障碍是幻觉和思维障碍，吸毒者的行为完全围绕毒品转，甚至会为吸毒而丧失正常的伦理观念、道德观念乃至人性。

最后，静脉注射毒品会引发感染性疾病。最常见的有化脓性感染和乙型肝炎，及艾滋病。此外，滥用毒品还会损害神经系统、免疫系统等。

2. 造成家庭离散、社会损失

家庭中一旦出现了吸毒者，这个家便散了。吸毒者在自我毁灭的同时，也破坏着自己的家庭，使家庭陷入经济破产、亲人离散，甚至家破人亡的境地。吸毒不仅会使吸毒者丧失劳动能力，也严重破坏着社会的生产力。吸毒先是导致吸毒者自身发生疾病，最终完全丧失劳动力；还会造成社会财富的巨大损失和浪费；同时制毒、贩毒和吸毒活动还会造成环境恶化，缩小人类生存空间；此外，从生产毒品到贩毒、吸毒，这一系列围绕着毒品进行的违法犯罪活动会引发抢劫、偷盗、诈骗、凶杀等各种各样的犯罪活动，严重地扰乱了社会治安，对每一个家庭的生活和全社会的安定都是巨大威胁。

三、会拒绝——远离毒品诱惑

1. 青少年吸毒的心理原因

青少年往往表现出以下心理特点：第一，自我意识、自主意识不断增强。有时候对人对事会表现出一定程度的敏感或者偏激，更加注重自己内心的体验，不大喜欢家长、老师的干涉。第二，抗拒心理更加明显，对一些叮嘱、忠告、劝导往往不屑一顾，更加坚持自己的看法。第三，群体意识发生变化，朋友不再是简单的玩伴，还要求有共同的志趣与追求、共同的苦闷与烦恼，在许多方面能互相理解与支持，能向朋友倾诉心中的秘密。第四，部分学生产生厌学情绪，紧张、不安甚至悲观等不良情绪加重，出现自卑心理。

青少年的心理特点决定了他们的行为特征。这一年龄段实际上是容易受到侵害的时期。自主意识与反抗心理可能使其对一些本来正确的建议采取不接受的态度，比如不能吸烟、喝酒的忠告等。朋友交往的变化使一些人过分注重朋友对自己的看法，更多地受朋友的影响，为了对朋友表示忠诚往往丧失原则；而一旦朋友有不良嗜好或者有危险行为，便极易受其影响。而厌学情绪的出现导致的直接后果就是逃避，逃避的方式有很多，如自暴自弃，大量增加课外、校外的交友和娱乐，但这会使心理压力不减反增，有可能开始沾染不良嗜好。

相关链接

毒贩子的毒招

毒招之一：免费尝

几乎所有吸毒者初次吸食新型毒品，都是接受了毒贩或其他吸毒人员“免费”提供的新型毒品诱饵，在不知不觉中渐渐对新型毒品产生了依赖性。此后毒贩们再以高价出售毒品给上瘾者。这时的上瘾者已经没有拒绝的力量了。

毒招之二：不成瘾

长期以来很多人错误地以为只有海洛因、鸦片是毒品，摇头丸之类的并不是毒品，而是一种“娱乐性”食物，吃了以后没有多大危害，身体没有依赖、不会成瘾。有的人认为即使有瘾也不过像吸香烟一样，虽然总说吸烟有害，但还不是那么多人在吸。其实，这种错误认识是非常危险的。只要吸食了新型毒品，哪怕只有一口，也会成瘾，只是吸毒成瘾的时间长短存在个体差异罢了。

毒招之三：有奇效

毒贩经常向青少年吹嘘苯丙胺类等新型毒品的“好处”。比如，利用女青年爱美之心，向女青年编造“可以减肥”的谎言，引诱其吸毒。其实，吸毒人员体态消瘦是一种病态，因为吸毒成瘾后，人体的各种器官功能都受到损害，各种疾病缠身，所以面黄肌瘦、骨瘦如柴，甚至衰竭而亡。因此，吸毒不是减肥，而是减命。

2. 构筑“防火墙”，远离毒品侵害

第一，充分了解毒品的危害，打消好奇心。明确毒品贻害终身，在朋友聚会等场合，坚决不饮酒，坚决不尝试那些能“助兴”的药品或者所谓“娱乐性食品”。

第二，学会拒绝同伴吸毒的邀请。不要在朋友、同学、熟人的邀请或者招待下沾染毒品。要有警觉戒备意识，对诱惑提高警惕，采取坚决拒绝的态度，不轻信谎言。

第三，养成健康的生活方式。不用毒品来满足某种心理需求，学会有规律地生活、合理安排学习和娱乐时间、正确应对压力、保持良好情绪、建立和谐的家庭关系和社会关系。

第四，谨遵医嘱，合理用药。不滥用镇痛、镇静、减肥、安定、止咳类药物。这些药物可能会产生与毒品一样的效果。

第五，不为他人保管、投递、买卖不明物品。近年来，贩毒集团常常采取诱骗和胁迫等方式，利用未成年人从事贩毒活动。如果被委托保管、投递、买卖的物品是毒品，在没有证据的条件下，有可能在法律上被认定为贩毒者的同谋。

相关链接

青少年防毒10条戒律

（1）谨慎交友，远离吸毒环境。

（2）面对同伴引诱、强迫吸毒的压力，坚决说“不”。

（3）拒绝食用来历不明的食物、饮料，不随便吸食烟卷。

（4）远离治安状况复杂的场所。

（5）决不听信毒品可以减肥、治病的谎言。

（6）遇事冷静，心境坦然，切不可被人激将而吸毒。

（7）不效仿所谓“明星”“大款”的吸毒行为，盲目赶时髦，幼稚又糊涂。

（8）不受吸毒是“高级享受”的引诱，谨记吸毒一口，受害一生。

（9）明辨是非，不要意气用事，冒险试毒。

（10）保持健康心态，不用毒品解除愁闷、舒缓压力。

3. 参与禁毒，人人有责

（1）遵纪守法，不沾染不良嗜好，不尝试毒品。

我们要自觉遵守法律法规和校规校纪，不购买烟酒，不进入营业性歌舞娱乐场所、互联网上网服务营业场所。这是对我们未成年人的一种保护，我们必须遵守这些规定，自觉地远离不良嗜好及毒品。

（2）要提高对毒品危害的认识，积极参与禁毒宣传教育。

禁毒是全社会的共同责任，也是全体公民的义务。我们在了解了毒品的危害之后，不仅要洁身自好远离毒品，也应当积极参与禁毒宣传工作。如果发现自己周围的亲人、朋友、同学有吸毒行为，应当把自己掌握的有关毒品危害的知识告诉他们，劝导他们停止吸毒，帮助他们戒除毒瘾。如果条件允许，我们还可以积极参与禁毒志愿活动。

（3）参与打击违法犯罪。

要尽到作为一名公民应尽的义务，积极举报吸毒及毒品犯罪的行为。这里要特别提醒的是，无论是举报吸毒还是举报毒品犯罪，安全都是第一位的。当我们看到有人吸毒或者进行毒品犯罪的时候，首先应报告老师、学校或家长，通过学校或家长向公安机关举报，不要冒然上前制止，以免发生危险。其次向公安机关报告也要在完全安全的情况下进行，尽量缩短在犯罪现场的逗留时间，尽量不与现场任何人交谈、接触，以防犯罪分子伤人或报复。

相关链接

《刑法》规定的毒品犯罪

（1）走私、贩卖、运输、制造毒品罪；

（2）非法持有毒品罪；

（3）包庇毒品犯罪分子罪；

（4）窝藏、转移、隐瞒毒品、毒赃罪；

（5）非法生产、买卖、运输制毒物品、走私制毒物品罪；

（6）非法种植毒品原植物罪；

（7）非法买卖、运输、携带、持有毒品原植物种子、幼苗罪；

（8）引诱、教唆、欺骗他人吸毒罪；

（9）强迫他人吸毒罪；

（10）容留他人吸毒罪；

（11）非法提供麻醉药品、精神药品罪。

活动与分享

一、我的禁毒口号

以“拒绝毒品，珍爱生命”为主题创作一则禁毒口号，要求文字精练、通俗易懂、朗朗上口、利于传播，以30字以内为宜。口号创作完成后进行小组互评，评选出小组最佳口号，与全班同学进行分享。

标语范例：

1. 让青春洒满阳光，让毒品无处隐藏。
2. 一朝涉毒，一生皆输。
3. 你吸毒一口，毒毁你一生。

我的禁毒口号：

二、我的禁毒宣誓

我宣誓：

珍爱生命，拒绝毒品，保证不吸毒、不贩毒、不制毒、不种毒，积极检举吸贩毒行为，自觉抵御毒品的侵蚀，积极投身于禁毒斗争行列。我将履行禁毒誓言，为国家禁毒事业做出自己应有的贡献。

宣誓人：

日　期：

实践与思考

禁毒志愿　青年先行

禁毒志愿者，是指不为物质报酬，基于良知、信念和责任，自愿为创造“无毒世界”而为社会和毒品滥用者提供服务和帮助的人。其行动宗旨是：奉献、友爱、互助、进步。

作为禁毒志愿者，我们可以这样做。

禁毒社区行：根据自身愿望和条件至少选择一个禁毒志愿服务项目，例如到社区禁毒服务机构做义工、参与社区开办的禁毒专题讲座等。

禁毒校园行：参与学校的禁毒宣传、法制教育、价值观教育、心理健康教育等，在校园内创造一个人人防毒、拒毒、参与禁毒的良好氛围。

禁毒家庭行：利用业余时间，和家长一起学习禁毒知识，并在日常生活中，将所学的禁毒知识传播给家人和亲戚朋友。

禁毒工作是一项社会工程，需要人人参与。让我们行动起来，拒绝毒品，参与禁毒。

我的禁毒志愿计划：

欣赏与提升

1. 书籍：《绝对禁区》（李庆安、郑茜、曲晓光、赵静波）

《绝对禁区》的作者以生动而凝练的笔触，为读者呈现了八个取材于吸毒成瘾者真实经历的故事，让我们窥见了成瘾者们心灵深渊的一角，以及掩藏在“毒品”遥远而模糊的形象背后的残酷真相。找寻与迷失，拯救与沉沦，希望与绝望，毁灭与救赎……这些极端对立的因素交织在一起，构成了成瘾者及其家属的人生故事……

2. 电影：《湄公河行动》

金三角湄公河上，有一处被称为“鬼门关”的河段，两艘来自中国的商船在此遭到不明身份之人的袭击。未过多久，泰国军方召开新闻发布会，指责中国商船贩卖毒品。虽然发布会宣称船员全部逃亡，但是十三具遭受残忍杀害的中国船员尸体很快被人发现。这起胆大妄为的案件令中国警方大为震惊。根据现有资料得知，这起案件是由盘踞在金三角的大毒枭糯卡所为。糯卡贪婪残忍，胆大包天，是湄公河流域上一颗扰乱运输安全的毒瘤。为了将这个恶棍绳之以法，中国、老挝、缅甸开展了三国联合巡逻，集中对糯卡的制毒窝点进行扫荡。而高刚等人也深入最危险境地，与丧失人性的贩毒分子进行惨烈对决……

感悟与收获

第七章

C H A P T E R 7

生命与疾病

19

第 19 课　预防艾滋病

生命书签

忽略健康的人，就是等于在与自己的生命开玩笑。

——陶行知

健康是人生的第一财富。

——爱默生

生命故事

艾滋病小斗士恩科西

恩科西生于 1989 年，由于母婴传播，他一出生就带有艾滋病病毒。他的母亲因为艾滋病去世，养母基尔·约翰逊收养了他。

恩科西曾被多位医生下过死亡判决，比如“他最多能再活 6 个星期”。他没有吃过艾滋病药物或者能负担得起的药物，但他凭借惊人的毅力和顽强的斗志，竟然一直挺到了上学的年龄。

9 岁那年，当养母带着恩科西到一家小学报名时，遭到全校许多师生和家长的反对，在当地引起了轩然大波。后来经过养母的不懈努力和媒体的介入，恩科西才得以去上学。

恩科西是个乐观的孩子，他一边顽强地与艾滋病做斗争，一边关心和他一样患病的孩子。他曾说：“等我长大了，我要成为一名艾滋病问题专家，周游世界，到各国演讲，让越来越多的人了解艾滋病，关心艾滋病病人。”

他曾应邀到美国出席艾滋病研讨会，用弱小的身躯向世界呼吁：“要接受和爱护艾滋病病人，尤其要关心患病的妇女和儿童。”2000 年 7 月，恩科西在南非举行的国际艾滋病大会上发言。穿着一身小西服的他，在大会上讲述了母亲被艾滋病夺去生命，自己也感染上病毒的悲惨遭遇。他说：“我希望政府向携带艾滋病病毒的孕妇提供药物，使她们不再把病毒传染给自己的孩子。”他还说：“人们不应该对艾滋病病人抱有偏见，我们需要关爱，拥抱艾滋病儿童是不会被传染的。”恩科西的发言震撼了现场所有人的心。

2001 年初，恩科西的病情开始恶化，在六一儿童节那天，被艾滋病折磨得体重不到 10 千克的恩科西静静地离开了人世。恩科西是南非反对歧视艾滋病患者的一个有力象征，也是与艾滋病抗争的小英雄。

生命智慧

生活中，相信你常常听到“艾滋病”这三个字，不过你对这个疾病的了解多吗？也许你会觉得，艾滋病和自己没有太大关联，因此不太在意。但其实，艾滋病离我们并不遥远。

联合国艾滋病规划署发布的报告中提到，截至 2019 年年底，全球有 3 800 万艾滋病病毒感染者。其中，仅 2019 年当年，就有 170 万新发艾滋病病毒感染者，有 69 万人死于艾滋病相关疾病，平均每周约有 5 500 名 15 ～ 24 岁的年轻女性感染艾滋病病毒。

而在我国，2018 年报告新发现艾滋病病毒感染者达 14.9 万例，相当于平均每小时新发现 17 例艾滋病病毒感染者。截至 2019 年年底，我国已知艾滋病病毒感染者已超过 95 万人，并且近年来，15 ～ 24 岁青年群体的艾滋病病毒感染者数量呈增多趋势。

事实上，艾滋病威胁着我们每个人和每个家庭。预防艾滋病，是需要我们每个人共同承担的社会责任。

一、什么是艾滋病

艾滋病，也称“获得性免疫缺陷综合征”，是一种由感染艾滋病病毒（HIV）引起的严重传染病。HIV 病毒可以攻击人体免疫系统，使人丧失免疫功能，从而感染各种疾病。

艾滋病危害大、病死率高，病毒会慢慢破坏人的免疫系统，若不坚持规范治疗，发病后病情发展迅速。

目前，虽然全世界众多医学研究人员付出了巨大的努力，但尚未研制出根治艾滋病的特效药物，也还没有可用于预防艾滋病的有效疫苗。

感染艾滋病会给学习、生活带来巨大影响：一方面需要终身规律服药，控制病情；另一方面也需要承担极大的精神压力。

二、艾滋病的表现

艾滋病发病后的常见症状包括：皮肤、黏膜出现感染，出现单纯疱疹、带状疱疹、血疱、瘀血斑、持续性发热、肺炎、肺结核、呼吸困难、持续性腹泻、便血、肝脾肿大，并发恶性肿瘤等。

艾滋病病毒感染者在发病前外表与正常人无异，绝不能根据一个人外表是否健康来判断其是否感染了艾滋病。

极个别的艾滋病病毒感染者，出于各种原因，蓄意与他人发生无保护性行为，以传播疾病，需要引起高度警惕。

三、艾滋病的传播方式

艾滋病病毒多分布在病人以下几种体液中，因此这些体液具有很强的传染性：血液、精液、阴道分泌物、母乳、伤口渗出液等。因此，艾滋病病毒传播途径，可以归纳为血液传播、性传播和母婴传播三种。

在我国，性传播是艾滋病传播的主要途径。2018 年我国报告新发现艾滋病病毒感染者 / 艾滋病病人 14.9 万例，其中性传播比例超过 90%。2011—2018 年，报告青年学生感染者人数占全部青年人群感染者人数的比例由 10.4% 上升到 18.9%。

四、如何预防艾滋病

目前为止，我们还没有发现治愈艾滋病的方法，也暂无预防艾滋病病毒感染的疫苗问世。掌握预防知识、拒绝危险行为、做好自身防护才是最有效的预防手段。

1. 性传播途径的预防

不安全性行为是艾滋病性传播的主要原因。避免不安全性行为，有助于预防艾滋病的性传播。性病病人更容易感染艾滋病，必须及时到正规医疗机构诊治。特别是像梅毒、生殖器疱疹等以生殖器溃疡为特征的性病，溃疡使艾滋病病毒更容易入侵，因此必须及早治疗。

正确使用安全套，可有效预防艾滋病 / 性病的感染与传播，特别是要选择质量合格的安全套，确保使用方法正确。使用安全套应注意以下几点：使用前应特别留意安全套的出厂日期和有效期，确保安全套不过期；要将安全套前端的小囊捏瘪，排出空气；每一次性行为都要使用新的安全套，不重复使用；全程都要使用安全套，即在性接触之前，就要戴上安全套；使用水性的润滑剂，油性润滑剂容易造成安全套破裂；射精后应立即抽出，注意安全套有无破损。

高危行为后，如破损手指沾染艾滋病病人的血液、同 HIV 感染者发生了无保护的性行为，在 72 小时内使用暴露后预防用药，可减少艾滋病病毒感染的风险。一个服药周期为 28 天，具体用药方案应根据当地药品的可及性及医生评估而定，用药时间越早，保护效果越好。

2. 血液传播途径的预防

不要擅自输血和使用血制品，要在医生的指导下使用。必须输血时，个人有权了解血液是否经过艾滋病病毒抗体检测。

不要与他人共用牙刷、剃须刀、刮脸刀等个人用品。避免使用未经严格消毒的手术、注射、针灸、拔牙、美容等进入人体的器械，因为这些途径均有可能通过血液传播艾滋病病毒。

3. 母婴传播途径的预防

感染了艾滋病病毒的孕产妇，通过在医生指导下服用抗病毒药物、住院分娩减少损伤性危险操作、产后避免母乳喂养等预防措施，可大大降低将艾滋病病毒传染给婴儿的概率。

五、如何检测艾滋病

我国实施免费的艾滋病自愿咨询检测。如果怀疑自己感染了艾滋病病毒，应主动进行检测。早发现、早治疗，对于维护个人健康十分重要。

个人可以到各级疾控中心、皮肤病性病防治所、传染病专科医院等进行咨询检测。国家规定，对于接受自愿咨询检测者的个人信息要完全保密。另外，我国已经批准上市艾滋病尿液自检试剂，可以在家进行自我检测。如果自我检测结果呈阳性，一定要去医疗机构或疾控中心进行确诊，并接受咨询和后续治疗服务。

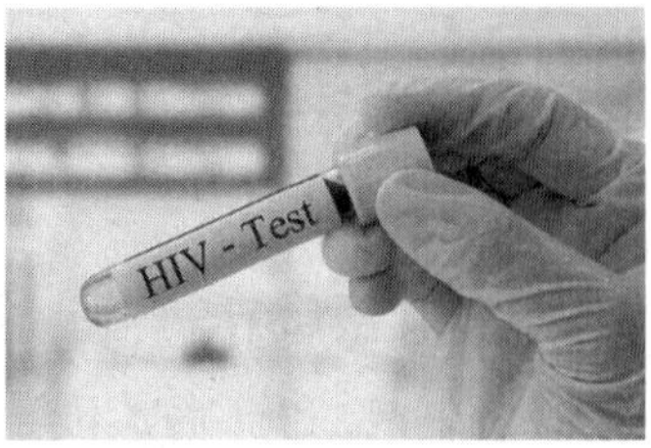

艾滋病病毒窗口期是指从 HIV 感染人体到感染者血清中的 HIV 抗体、抗原或核酸等感染标志物能被检测出这段时期，窗口期的血液已有感染性。现有的诊断技术检测 HIV 抗体、抗原、核酸的窗口期分别为感染后的 3 周、2 周和 1 周左右。因此，需要注意自己检测的时间应在窗口期过后。

六、怎么治疗艾滋病

如果感染了艾滋病病毒，及早接受抗病毒治疗可提高患者的生活质量、延长生命。

一旦感染艾滋病病毒，体内病毒复制就已经开始，会逐渐损害全身多个器官，及早治疗能够抑制病毒复制，减少损害，使免疫功能恢复并保持正常水平，从而保持较好的身体状况。

相关链接

世界上第一位也是唯一被治愈的艾滋病患者

蒂莫西·雷·布朗在感染艾滋病之后，又不幸地患上了白血病。幸运的是，治疗白血病的医生曾了解到，一些人天然带有某种基因缺陷，这种缺陷恰恰能让他们避免患上艾滋病。

在进行骨髓移植前，医生特地寻找满足移植需求，并带有这种基因缺陷的配对样本。经过61次试验，他们找到了配对成功的样本。经过此次治疗，布朗的艾滋病成功被治愈！

可惜这种基因只存在于少数北欧人中，很难普遍运用在艾滋病患者身上，布朗也成为全球唯一被治愈的艾滋病患者。

七、避免歧视艾滋病感染者

艾滋病感染者是疾病的受害者，他们的婚姻、就业、就医、求学等合法权益受法律保护。营造一个友善、理解、尊重的社会支持环境，可以帮助感染者积极主动检测和治疗，促进艾滋病预防工作的开展。

艾滋病主要通过含有艾滋病病毒的血液和体液（精液、阴道分泌物等）传播。离开人体后，艾滋病病毒对外界环境的抵抗力较弱，以下情况都不会传播艾滋病病毒：

（1）共用学习用品、共同进餐、共用卫生间、握手、拥抱等日常学习、生活接触不会传播艾滋病。

（2）艾滋病不会经马桶圈、电话机、餐饮具、卧具、游泳池或浴池等公共设施传播。

（3）咳嗽和打喷嚏不会传播艾滋病。

（4）蚊虫叮咬不会传播艾滋病。

我们应该避免歧视艾滋病感染者，与他们保持正常的日常学习、生活上的接触。同时，艾滋病感染者也需要主动将感染情况告知自己的配偶和性伴侣，并做好保护措施。若故意传播艾滋病导致他人感染艾滋病，将受到法律制裁。

艾滋病威胁着每一个人和每一个家庭，预防艾滋病是全社会共同的责任。我们应该积极参与艾滋病知识宣传活动，学习和掌握预防艾滋病的基本知识，并把了解到的知识告诉他人。同时，我们要避免艾滋病感染高危行为，加强自我保护，做自己健康的第一责任人。

线上学习

通过网络搜索，观看视频《如何正确使用安全套》。在我国，性接触是艾滋病传播的最主要途径，其占比可达90%。而避免艾滋病病毒通过性途径传播，正确使用安全套是极为关键的。

活动与分享

知识竞答

你对艾滋病的了解有多少呢？全班同学分成4支队伍，一起来进行知识竞赛，判断以下说法是对是错，答对1道题目得1分，看看哪支队伍的分数最高吧！

1. HIV通过性接触、血液和母婴三种途径传播。
2. 在全世界范围内，性接触是HIV最主要的传播途径。
3. 艾滋病病毒是一种能生存于人的血液中，并攻击人体骨骼系统的病毒。
4. 艾滋病是发生不安全性行为者才会得的病。
5. 感染了艾滋病病毒会立即死亡。
6. 公众艾滋病知识缺乏和社会歧视，是造成艾滋病流行的原因之一。
7. 安全套只要没有损坏，就可以重复使用。
8. 艾滋病病毒感染者或病人故意传播病毒，将受到法律的惩罚。
9. 为了预防和控制艾滋病的流行，应该将艾滋病患者强制隔离。
10. 艾滋病自愿咨询检测免收咨询费和检测费。
11. 避孕药能预防艾滋病。
12. 患有性病的人，更容易感染艾滋病。
13. 学校不应该录取HIV感染者或艾滋病病人。
14. 没有症状的HIV感染者可以将病毒传给他人。
15. HIV可以通过母亲遗传给婴儿。
16. 正确使用安全套，可以降低通过性行为感染艾滋病毒的风险。
17. 艾滋病患者也可以献血。
18. 艾滋病患者不能和任何人结婚。

19. 接触到携带艾滋病病毒的人的汗水，极有可能被感染。

20. 必须输血时，个人有权了解血液是否经过艾滋病病毒抗体检测。

21. 消除艾滋病歧视，人人有责。

22. 使用未经严格消毒的手术、注射、针灸、拔牙、美容等进入人体的器械，都有可能传播艾滋病病毒。

23. 发生不安全性行为者易感染艾滋病病毒，是因为不讲究卫生。

24. 蚊虫叮咬不会传播艾滋病病毒。

25. WHO 建议具有 HIV 高危行为的人群，应该至少每半年进行 1 次 HIV 检测。

26. 感染艾滋病病毒的妇女会通过亲吻、抚摸、拥抱将病毒传染给婴儿。

27. 在共用注射器吸毒、母婴传播、输入含 HIV 病毒的血液和无保护的性行为中，输入含 HIV 病毒的血液传播艾滋病病毒的效率最高。

28. 世界艾滋病日是每年的 12 月 1 日。

29. 艾滋病急性感染期常出现的症状有发热、头痛、皮疹、腹泻等流行性感冒样症状。

30. 高危行为后 96 小时内使用暴露后预防用药，可减少艾滋病病毒感染的风险。

我的得分：

实践与思考

“资源在身边”——寻找你身边的艾滋病相关资源

你知道吗？在我们身边，其实有很多与艾滋病相关的资源。了解并且善用这些资源，可以使我们在需要时得到更有效的帮助。快去查阅相关资料，了解这些实用的知识吧！

1. 本地区有哪些医院可以提供艾滋病检测服务？

2. 通过什么途径可以免费领取HIV自检包，并且邮寄到家，足不出户完成自我检测？

3. 本地区开通的首个艾滋病线上咨询小程序叫什么名字，能提供什么服务？

4. 本地区有哪些艾滋病治疗点提供免费的抗病毒治疗药物？

欣赏与提升

1. 书籍：《图说艾滋病》（王克荣、陈航、缪中荣）

本书由几位医生担任漫画主角，以人物对话和漫画描述的形式，告诉读者艾滋病的基础知识，包括什么是艾滋病、艾滋病是怎么传播的、艾滋病的临床表现、怎么治疗和预防艾滋病等。本书通俗易懂，形式生动有趣，让你一册读懂艾滋病。

2. 视频：《揭秘艾滋病》

该视频能够让你更加全面地了解人类是如何发现艾滋病，并为艾滋病的防治付出努力的。

感悟与收获

20 第20课 警惕抑郁症

生命书签

希望是附丽于存在的，有存在，便有希望，有希望，便是光明。

——鲁迅

心灵的痛苦更甚于肉体的痛楚。

——贺拉斯

生命故事

憨豆先生的烦恼

罗温·艾金森这个名字，也许你并不熟悉，但是提到罗温塑造的荧幕形象“憨豆先生”，相信你一定不陌生。在观众心中，喜剧演员是与笑声、欢乐联系在一起的，但实际上他们跟抑郁症的距离并不遥远。

与荧幕形象相反，罗温在生活中是个严肃的人，并且拍喜剧的压力很大，总是担心表情过度，担心笑点不够。他是一名完美主义者，每次出镜都会要求自己做到完美。正因如此，他的憨豆特工系列足足花费了15年才拍完三部曲。为了重现憨豆的传奇，年过六旬的罗温还专门进行了6个月的体能锻炼，为一个十几秒的镜头能完美呈现不惜重复拍摄几十次。

然而罗温主演的《英国间谍约翰尼》上映后，受到了影评家的猛烈批评，他感到十分压抑，患上了抑郁症，最终到心理治疗中心接受了治疗。因为抑郁症，他在相当长的时间里不拍摄任何作品。他对妻子说，他需要时间来进行自我调节。

生命智慧

随着我国经济文化的发展，人们的精神需求日益增长，大众对于心理健康也有了越来越多的认识，而“抑郁症”这个名词也越来越频繁地出现在我们的视野中。相信你对这个词语并不陌生，甚至在我们身边，就有一些亲人朋友正在遭受抑郁症的折磨。

与过去相比，现在抑郁的人逐渐增多，持续的时间越来越长，情况越来越严重，开始的时间也越来越早。那么，抑郁症到底是什么？我们该怎么做，才能避免自己患上抑郁症，守护自己的心灵健康？如果我们所珍视的亲人朋友正在艰难地与抑郁症做斗争，我们又能为他们做些什么呢？

一、什么是抑郁症

谈到“抑郁症”，你会想到什么？

“抑郁症患者就是‘想太多’‘太敏感’‘太脆弱’‘太闲了’，才会得这个病”；“得抑郁症的人性格有缺陷”；“得了抑郁症就是精神错乱，是一件丢脸的事”。这是当前社会上很多人对于抑郁症的的错误认知，他们把抑郁症看作一种弱点、矫情或者性格缺陷，并且认为这些人应该战胜自我。

事实上，抑郁症是一种疾病，在临床上以显著而持久的心情低落为主要特征，是心境障碍的主要类型。

直到现在，抑郁症的成因也并不完全明确，但可以肯定的是，抑郁症是一种由综合因素共同造成的疾病，涉及生物、心理与社会环境等诸多方面。

（1）生物学基础：比如大脑中的单胺类神经递质（包括5-羟色胺、去甲肾上腺素、多巴胺）分泌不足，可以导致抑郁症的发生；产后抑郁的一个重要原因，是产妇体内激素的剧烈变化。另外有研究显示，如果同卵双胞胎中的一人患抑郁症，那么另一人患抑郁症的可能性为67%，而异卵双胞胎发病的可能性为19%。

（2）心理社会因素：一些人的生活经验会使他们更容易患上抑郁症。比如有的人在儿童、青少年时期遭遇了一些生活压力事件，内心受到创伤；或者在成年期遭遇了一些重大的压力事件、巨大的挫折等。当压力持续的时间过长、强度过大时，就会对我们的精神造成损害。

因此，我们不应该只是单一地将抑郁症视为一种弱点、矫情或者性格缺陷，而应该知道它是由许多因素共同造成的。

二、抑郁症的表现

抑郁情绪和临床上的抑郁症是有关系的，当情绪涨落到极端的程度时，就可以像严重的躯体疾病一样，使人丧失正常的生活能力。

抑郁症主要有三个表现：显著而持久的情绪低落，轻者闷闷不乐、没有愉快感，重者悲观绝望、度日如年；兴趣减退，过去很感兴趣的事情现在一点兴趣也没有，持续感到空虚；缺乏活力，身体疲乏，哪怕一天没做什么，依然感到四肢疲软无力，重度抑郁者会逃避工作、性生活甚至吃饭等日常活动，这些活动看似平常，却让他们感到极度疲惫和痛苦，因而不能进行。

抑郁症每次发作至少持续 2 周，长者可达数年。其他常见的表现还有失眠、食欲减退或暴增、身体疼痛、思维迟缓、不愿与周围人接触交往、注意力和记忆力下降、无价值感、无望感、自责自罪、自杀冲动和自杀行为等。

三、抑郁症的危害

实际上，抑郁是可以致死的，因为抑郁症患者可能会有自杀企图和自杀行为。在所有重度抑郁症患者当中，15% 的人会选择自杀来结束自己的生命。

疾病带来的强烈无望感、无价值感，以及严苛的自我责备，甚至日常生活中的饮食起居都变得十分艰难，这一切都会使抑郁症患者更加悲观厌世，希望通过死亡的方式来结束自己的痛苦。然而，这种自杀冲动在一定程度上是由抑郁症加剧的，而非抑郁症患者的本来意愿。

另外，当抑郁的程度达到重度的状态时，人们会出现幻觉、妄想等症状，严重影响日常工作、生活和认知功能。

许多抑郁症患者都认为自己的身体里发生了一些生物化学性质的变化，那种情绪的改变，以及对自我、对世界的认知的改变，是如此深刻且不可抗拒。这种痛苦的感受，没有经历过抑郁症的人是难以体会的。

四、抑郁症的治疗

如果接受足够的治疗，抑郁症是可以被治愈的。然而在遭受长期抑郁的人中，由于各方面因素的影响，只有三分之一的人尝试过使用抗抑郁药物，也只有很少的人接受过足够的治疗。

抑郁症的治疗主要有药物治疗和心理治疗两种方式。

1. 药物治疗

对于重度抑郁症患者来说，起床、刷牙、吃饭、洗澡这样的日常生活活动可能都是无比艰难的。但是，以起床为例，如果早晨赖在床上不起，抑郁症患者仍会感到抑郁，并且会获得糟糕的自我感受。这时，服用抗抑郁药物的一部分作用就是给予抑郁症患者足够的能量起床，让他们的情绪感受不再那么糟糕。药物也能减少抑郁症患者自杀的冲动，在一定程度上可以帮助抑郁的人们保住性命。

人们对于抗抑郁药物通常会有一些错误的认知，比如“服用了这些药物可能就戒不掉了，一旦停止服用药物，病情就会发作”。然而事实是，这些药物不会让我们产生药物依赖，根据每个人的情况不同，有些人需要终身服药，但有些人并不需要，在服用药物一段时间好转后，心理医生会帮助患者逐渐减少药量，甚至停药。

2. 心理治疗

如同心脏病患者除了服用药物之外，还必须改变终身的饮食和锻炼习惯，以及应对压力的方式，酗酒者除了戒酒之外，还必须改变自己的思维方式、人际关系及对情感的处理方式，抑郁症患者仅仅服药也是不够的，人们在抑郁中会发展出一些习惯、行为、思维过程、假设以及感觉，这些都在妨碍人们从抑郁中康复过来。因此，抑郁症患者除了服用抗抑郁药物之外，还需要在心理治疗师的帮助下，对自己的一些不利于康复的思维、情感、行为方式进行相应的调整。

在抑郁症患者的大脑中，支持消极行为的网络往往运转良好，就像四通八达的高速公路一样。而通过必要的练习，患者可以驶离那些高速公路，在大脑中建立新的网络，激活和助长积极思考和行为的部分。

对于患抑郁症的人来说，不管开始行动是多么艰难，但是只要努力去行动，哪怕是一点点的尝试，都是巨大的进步。

五、抑郁症的预防

抑郁情绪和抑郁症之间的差别，正如咳嗽和肺炎之间的差别，抑郁从轻度发展到重度是个连续的过程。我们每个人都会经历生活中的压力事件，每个人都有自己的烦恼，都可能有消极的想法、情绪和行为，因此或多或少都会产生抑郁情绪。而怎样让自己的“咳嗽”不发展成“肺炎”，我们需要注意以下几个方面并使用一些技巧。

1. 情绪

情绪是我们从婴儿时期开始就有的内在的、本能的反应。如果有人踩了你的脚，你会感到疼痛；如果有人在你的心理上踩了一脚，如对你粗鲁或不公平，你自然会感到生气、愤怒等。情绪与我们的内心需求高度相关，我们的情绪感受都是有充分理由的。我们需要试着与它和谐相处，学会更好地感受情绪、表达情绪，让情绪和理性在我们身上和谐共存。

2. 思维

每个人都会存在一些非理性的认知方式，而这些认知方式容易让我们的思维陷入负面循环。察觉到这些思维方式，并进行有意识的调整，可以让我们更好地生活。常见的非理性的认知方式有以下几种：

（1）过度概括。被一个女孩子拒绝，认为没有女孩子会喜欢自己。

（2）非黑即白。“这件事情，我一定要做到完美，否则就是失败。”

（3）糟糕至极。上课发言讲错了一句话，于是认为“现在全完了，没有人会喜欢我”。

（4）过度夸大或缩小。拍照的时候手抖了一下，一张照片拍糊了，就觉得别人要把自己看成无用的人了。而当自己做成一件事的时候，又觉得微不足道，纯属侥幸。

（5）情绪化推理。一位同学匆匆走过，未打招呼，于是心里想：“我什么地方得罪他了？他生我的气了？”

（6）过度责任化。将一切不幸、事故或别人的过错都归咎于自己。比如一位朋友生病去世，就责备自己忙于个人的事情，未能照顾朋友的健康。

3. 行为方式

我们可以通过很多有益的行为方式来调节自己的身心状态，包括运动、向他人倾诉、听音乐、写日记、画画、游戏、娱乐、小睡等。在这里我们重点谈一谈“运动”。

心理学专家塔尔·班夏哈说，不进行锻炼就像服用了导致抑郁的药物一样。大量的研究表明，如果坚持锻炼，在很大程度上能够避免抑郁症的发作。对于很多快乐的人来说，锻炼和体育活动是他们生活中的重要组成部分。体育锻炼能刺激内啡肽的分泌，它是一种能够让人感受到快乐情绪的激素，可以帮助我们改善心情，防止抑郁。

4. 人际关系

抑郁症与不良的人际关系有关，同时也会引起人际关系的失调。当我们拥有良好的人际关系时，可以获得更多的支持和理解，从而降低患抑郁症的风险。

人际关系的一个关键点，就在于人际沟通的方式。我们可以通过有效的沟通来改善我们的人际关系。而在人际沟通中，很重要的一点是做到坚定而自信地交流，以及在沟通中准确地表达自己的需求和想法，避免产生歧义、造成误解。

我们常常希望与我们关系亲密的人，比如好朋友、亲人，可以完全地理解我们，但其实这是不现实的。事实上，如果我们不交流自己的想法，别人就很容易对我们产生误解。即便我们交流了，仍然可能因为表达得不够清晰准确，而让沟通达不到期待的效果。

因此，坚定而自信意味着明确自己想要的东西，用清楚的语言表达出来，并且不伤害他人的尊严。比如当舍友吵到自己休息时，可以说："我现在准备睡觉了，但是你的音乐声太大，我睡不着。你可以把声音关掉或者用耳机听吗？"而不是说："你为什么就不能为别人考虑一下，总是那么自我，难怪没朋友！"

六、如何与抑郁症患者相处

抑郁症不仅仅是由生物化学因素、遗传因素、错误的思维或自我的破坏性行为造成的，也是由社会对待患者的方式造成的。

由于社会环境对于抑郁症的曲解，许多抑郁症患者因为患上抑郁症而感到羞愧、尴尬。这恰恰是这个疾病最残忍的地方——抑郁症患者责备自己软弱，有性格缺陷，而不是承认自己生病了，没有认识到这种自我责备本身也是症状之一。他们把自己隐藏起来，咀嚼着悲伤并因为悲伤而谴责自己。

对于抑郁症患者来说，他们需要的不是别人劝导他们"开心一点""想开一点""应该快点好起来"，而是陪伴他们，倾听他们的心声，让他们感觉到他们并不孤单。

对抑郁症患者多一分理解，他们的痛苦就会减少一分。

活动与分享

对于以下的这些想法，你认同吗？如果对不合理的想法进行改写，你会怎么说呢？

1. 一个人应该被周围的人喜欢和称赞，尤其是生活中重要的人。

2. 一个人必须能力十足，各方面都有成就，这样才有价值。

3. 当事情不如意的时候，是很可怕也很悲惨的。

4. 不幸福、不快乐是外在因素造成的，个人无法控制。

5. 面对困难和责任很不容易，还是逃避比较省事。

6. 我们应该关心他人的问题，也应该为他人的问题感到悲伤难过。

7. 人生中的每个问题都有一个正确完美的答案，一旦得不到答案就会很痛苦。

8. 考试失败了是一件非常可怕的事情，一切都完了。

实践与思考

书写你的心灵笔记

预防抑郁症，很重要的一点是我们需要对自己的情绪感受和思维认知有更敏锐的觉察。如果我们能够了解到自己的许多情绪和想法是如何产生的，我们就更容易找到调节自己内心的方法。

因此，当你发觉自己的情绪有了一些转变，你希望更清楚自己的这些情绪是为何产生、如何发展的，你可以使用下面这个"情绪笔记"工具，帮助你对自己的情绪有更多的了解。

情绪笔记

时间	情绪转变	外部事件（你在做什么、在哪儿、和谁）	内部事件（你在思考、想象或者回忆什么）
3月15日（示例）	突然感觉有点难过、孤独	我在宿舍，坐在自己的位置上看书，舍友们在一旁热烈地讨论着一个演员	思考："我好像与舍友格格不入，融入不了她们的话题"； 想象："她们不喜欢我，可能觉得我跟她们不是一类人"； 回忆："以前我也常常自己一个人，和许多同学不熟悉，感觉很孤单"

同样，当你意识到自己存在一些不合理认知的时候，你可以使用以下的"不良思维笔记"，它能让你更清晰地意识到，在面对一些事件时，你常常会产生哪些不良思维，并据此进行自我调整。

不良思维笔记

日期	情境描述	情绪	自动化思维	理性反应	结果
	1. 导致不愉快情绪的实际事件。 2. 导致不愉快情绪的想法或回忆	1. 详细描述你的情绪，如悲伤、愤怒、混合情绪等。 2. 评价情绪的强度（1～100）	1. 写下体验到某种情绪之前的自动化思维。 2. 评价对自动化思维的相信程度（1～100）	1. 写下对自动化思维的理性反应。 2. 评价对理性反应的相信程度（1～100）	1. 再评价对自动化思维的相信程度（1～100）。 2. 具体描述并评价随后的感受（1～100）
1月1日（示例）	1. 同学A今天一天都不跟我说话。 2. 想法：她怎么能这样对我！	1. 我感觉生气、委屈、低落，也有点焦虑不安。 2. 强度：80	1. 同学A不跟我说话，我们的友谊可能就要结束了。 2. 相信程度：70	1. 同学A不跟我讲话，并不意味着我们的友谊就要结束了。可能是她今天心情不好、身体不舒服，或者她对我有什么不满，也许说开了就好了。 2. 相信程度：70	1. 相信程度：40。 2. 现在我感觉轻松多了，虽然还有点担心，但是也许这个问题没有想象的那么糟糕 感受：70
	1. 2.	1. 2.	1. 2.	1. 2.	1. 2.
	1. 2.	1. 2.	1. 2.	1. 2.	1. 2.
	1. 2.	1. 2.	1. 2.	1. 2.	1. 2.

欣赏与提升

1. 书籍：《活下去的理由》（[英] 马特 · 海格）

这是一本用痛苦写就，却能让人走出痛苦的书。24岁时，作者马特 · 海格不幸被命运选中，成为抑郁症患者。本书讲述了这个并不比任何人坚强的年轻人，一点一滴克服精神上的极度痛苦，从绝望中活下来的故事。在这本书中，已成为小说家的马特再次回望生命中那段艰难的时光，一边以文学手法精确再现那些不被理解、无法言说又撕心裂肺的精神痛苦，代抑郁症患者发出那些不曾被世界听到的呼喊；一边又用举重若轻的笔调，讲述他在爱的陪伴下一次次击退黑暗的经历，向读者分享了一场绝望与希望并存、黑暗和温暖交织的生命之旅。

2. 视频：《抑郁，我们各自隐藏的秘密》

在抑郁症患者与抑郁症做斗争时，他们的生活是怎样的？该视频是安德鲁 · 所罗门的演讲，他分享了自己和病友们对抗抑郁症的经历，以及他在对抑郁症的研究中得出的一些结论。

通过这个演讲，我们能够对抑郁症患者的生活有更多的了解。同时安德鲁也向观众传达了正视抑郁的价值。这并不能保证抑郁症不再发作，但是却能改变人们看待抑郁复发的态度，甚至会减弱抑郁复发的程度。

感悟与收获

21 第21课　摆脱网瘾症

生命书签

业精于勤，荒于嬉；行成于思，毁于随。

——韩愈

快乐没有本来就是坏的，但是有些快乐的产生者却带来了比快乐大许多倍的烦扰。

——伊壁鸠鲁

生命故事

在网络中凋零的生命

2020年6月3日，英国一名24岁的足球教练路易斯·奥尼尔（Louis O'Neill）因在新冠疫情封锁期间沉迷于打游戏，引发静脉血栓，最终不幸死亡。

奥尼尔生前身体一直很健康，2020年3月因所在城市疫情严重，他开始休假。不料在家封锁期间，他逐渐沉迷于网络游戏不能自拔，大大减少了日常运动的时间，久坐于电脑前。奥尼尔在去世两周前曾告诉父亲他的身体不舒服，之后情况持续恶化，他开始抱怨自己的腿不听使唤，体重也开始下降。6月3日，奥尼尔的父母发现他上楼时已抬不起身子，当医护人员赶到时，奥尼尔已经去世了。他的父亲痛心地表示，发生在儿子身上的事本来是可以避免的……

生命智慧

随着计算机和互联网技术的飞速发展，如今，网络成瘾已成为越来越普遍的社会现象。

根据中国互联网络信息中心发布的第49次《中国互联网络发展状况统计报告》，截至2021年12月，中国网络游戏用户规模达5.54亿。其中，12到16岁的青少年是网络成瘾的高危人群。

一、成瘾是怎么发生的

我们都知道，人类存在追求快乐的本能。通常情况下，成瘾物质（比如毒品、尼古丁等）作用于多巴胺系统，而大脑中释放的多巴胺能让我们产生愉快的感受。由于大脑对这些成瘾物质会产生耐受性，因此为了保证快感的水平，我们就需要不断增加成瘾物质的使用量。所以，当人们体会到这种愉悦感，并且为了追求愉悦感而更加频繁地使用成瘾物质时，成瘾行为便产生了。通常，判断是否成瘾主要有以下三个标准。

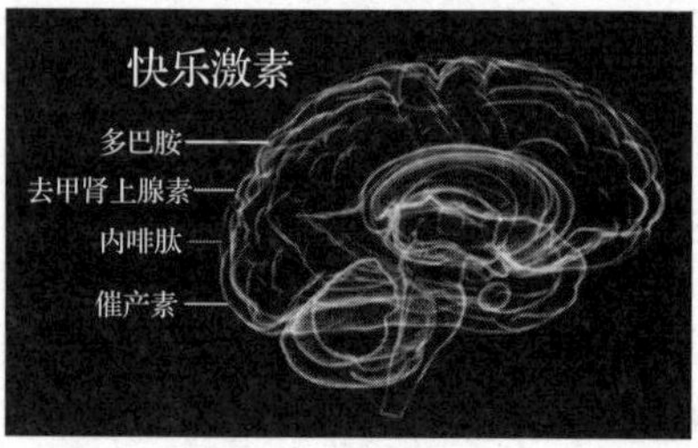

1. 依赖性

即不使用某些物质时，是否有非常强烈的期待，使用它们是否有强烈的满足感。

2. 耐受性

即是否以前使用一点点就可以达到让人满足的感觉，而现在用量较以往有所增加。

3. 戒断症状

即是否不使用某些物质就会坐立不安，感觉少了点什么。戒断反应是成瘾发生的重要标志。

二、什么是网络成瘾

如今，我们的工作和学习越来越离不开网络，每个人都会在一定程度上使用网络。那么，什么程度可以定义为网络成瘾呢？

2008 年 11 月 8 日，由北京军区总医院牵头制定的《网络成瘾临床诊断标准》通过专家论证，网络成瘾被正式纳入精神病诊断范畴，我们可以以此标准为参考。根据此诊断标准，网络成瘾是指个体反复过度使用网络导致的一种精神行为障碍，其症状表现如下：

（1）对网络的使用有强烈的渴求或冲动感。

（2）减少或停止上网时会出现周身不适、烦躁、易激惹、注意力不集中、睡眠障碍等戒断反应。这些戒断反应可以通过使用其他类似的电子媒介，如电视、手机、掌上游戏机等得到缓解。

（3）下述 5 条内至少符合 1 条：

1）为获得满足感而不断增加使用网络的时间和投入的程度；

2）使用网络的开始、结束及持续时间难以控制，经多次努力后均未成功；

3）固执地使用网络而不顾其明显的危害性后果，即使知道过度使用网络的危害仍难以停止；

4）因使用网络而减少或放弃了其他兴趣、娱乐或社交活动；

5）将使用网络作为一种逃避问题或缓解不良情绪的途径。

也许你已经发现，网络成瘾与我们前面所讨论的成瘾的发生机制是相同的。上网者每当上网时就产生愉悦的心理快感，因此反复追求上网，上网时间越来越长，越来越渴求这种身心愉悦的感觉。这种渴求与其他成瘾现象一样，是一种精神依赖。

因此，我们认为网络成瘾就是一种上网者由于长时间地、习惯性地沉浸在网络空间中，对互联网产生了强烈的依赖，以至于痴迷其中、难以自我解脱的行为状态和心理状态。

网络成瘾的主要表现形式有五种：网络游戏成瘾、网络色情成瘾、网络关系成瘾、网络信息成瘾、网络交易成瘾等。在研究中发现，我国青少年网瘾的主要表现为网络游戏成瘾。

三、网络成瘾的原因

1. 把游戏作为人际交往的入口

有的学生认为不玩网络游戏就没有与同学交流的谈资，听到同学、朋友大谈网络的乐趣而自己插不上嘴令人感到尴尬。

2. 强烈的自我实现欲望

网络游戏的高技巧性、复杂性能够使网络游戏者获得在现实生活中不易取得的成就感、力量感和自尊感；匿名带来的多种身份感，可以使上网者卸掉伪装，肆意宣泄潜在的攻击、愤怒乃至仇恨情绪，展示自己人格在现实生活中难以表现的一面，使自我充分地张扬。

3. 青春期性心理尚不成熟

青少年性开始发育并走向成熟，性生理功能的发展自然会使其产生性的冲动和欲望，但因缺乏科学性教育的引导，不能从有效途径获得科学的性知识和心理调节的方法，而容易在网络中寻求感官刺激，满足性心理、生理的需求，所以频频光顾黄色网站。

4. 未学会正确地应对现实中的困难和挫折

不少青少年沉迷于网络往往是因为现实生活中遇到了问题或挫折，如家庭不和、对新环境适应不良、成绩下降、与恋人分手、与朋友吵架、受到委屈等，而又缺乏应对困境的方式和资源以及相应的勇气和信心，不去积极处理和解决自身的问题或采用有益身心的方式进行调节，而是借助上网摆脱烦恼，从而沉迷网络。

四、为什么要杜绝网络成瘾

事实上，互联网极大地促进了现代社会的发展，为人们的生活提供了巨大的便利。互联网拉近了人与人之间的距离，人们可以通过网络与世界各地的人进行交流，可以在网上获得世界各地的信息，足不出户便知天下事，也可以通过网络查阅资料、娱乐、购物等。因此，只要能够做到科学上网、合理安排、控制好上网时间，网络就是一个很好的资源平台。然而，一旦上网过度，发展为网络成瘾，就会导致很多糟糕的后果，比如以下几种。

1. 危害身体健康

很多沉迷网络的人都过着日夜颠倒的生活，长时间玩手机、电脑，身体得不到充分休息，导致饮食不规律、睡眠减少、腰椎颈椎受损、头晕眼涩、视力下降、身体乏力、体质和免疫力下降等。并且许多人在玩网络游戏时非常投入，大脑处于高度紧张的状态，心跳也会加快，加重身体负担；而过度疲劳则会进一步加重心脏负担，最终导致心肌衰竭、心源性猝死等严重后果。

2. 导致精神萎靡

长期地沉迷于网络世界，会影响日常生活，容易导致昼夜颠倒、注意力不集中、精神萎靡，对现实生活的兴趣下降。同时，许多网瘾者会出现容易发脾气、焦虑、抑郁等情况，对自己上网的行为感到难以控制，产生无力感、负罪感。

3. 社会功能严重受损

对网络的无节制使用，会导致对现实生活的

漠视，在现实生活中人际关系疏离，比如减少与朋友的互动、亲子关系受损；同时容易导致厌学、学习困难等情况。

五、如何预防网络成瘾

为改变网络成瘾的情况，许多人付出了努力却收效甚微。因此，从根本上预防网络成瘾才是关键。

1. 科学安排上网时间

首先，上网之前先定目标，每次花 2 分钟时间想想你要上网干什么，把具体要完成的任务列在纸上。不要认为这 2 分钟是多余的，它可以为你节省 10 个 2 分钟，甚至 100 个 2 分钟。

其次，规划自己花在网络上的时间，否则在不久的将来，网络空间很可能会成为你唯一的空间。看一看你列在纸上的任务，用 1 分钟估计一下大概需要的时间。假设你估计要用 40 分钟，那么就用闹钟或者在电脑上安装一个定时提醒的小软件，设定 40 分钟，这样就能更有效地控制你的上网时间了。

通常情况下，连续上网时间应控制在 4 小时以内。如果上网时觉得胸闷、心慌、呼吸不畅等，要立即停止上网，通过深呼吸、闭目休息等方式调节身体状况。

2. 培养有益身心的兴趣爱好

很多人之所以喜欢玩网络游戏是因为游戏比他们的生活和学习有趣、有吸引力。因此，要想戒除网瘾，可以试着去寻找生活中感兴趣的东西，多与人交流，培养有益身心的兴趣爱好，适当开展其他娱乐活动。好的人际交流也不需要建立在网络游戏上，拥有一些共同的兴趣爱好，比如篮球、音乐、舞蹈等，都能帮助人们建立良好的人际关系。

3. 不把上网作为逃避现实生活问题的工具

有些人通过玩游戏来发泄情绪，但是人的很多情绪是在现实世界产生的，因此通过网络进行情绪宣泄起到的减压作用并不大，是一种治标不治本的行为。并且长期在网络这个虚拟环境中宣泄情绪，反而会使人在现实中表达情绪的能力降低。

当网络成为逃避现实的工具时，上网的行为会在不知不觉中得到强化：上网→注意力从现实中转移→忘记生活烦恼。不需要几次，你的大脑就会相信上网能忘掉烦恼，并使你不断重复这个行为。而当上网的行为强化到网络成瘾的程度时，要改变这个行为就很困难了。

六、如何摆脱网络成瘾

由于网络成瘾者往往是在下意识的状态下上网的，很难依靠自制力控制上网时间，因此可以在亲戚、朋友的帮助下，与电脑或手机完全隔离一段时间，等到能够完全摆脱网络成瘾的困扰时，再有针对性地科学安排上网时间。

同时，对网络有严重依赖的人，突然停止上网容易出现戒断症状，如失眠、多梦、呕吐、烦躁、抑郁、焦虑、注意力不集中、没有食欲，就像酒精或毒品依赖症者突然戒断时所产生的生理反应一样，这是戒断后出现的正常反应。因此，网络成瘾者也需要在心理医生的指导下，使用抗焦虑药物来控制戒断症状，慢慢脱离网瘾的影响。

活动与分享

测一测：你有网络成瘾吗？

本测试为网络成瘾量表（IAT），一共20题，完成测试大约需要7分钟。

请根据你的实际情况，对以下题目进行勾选。

题目	几乎没有（1分）	偶尔（2分）	有时（3分）	经常（4分）	总是（5分）
1. 你觉得上网的时间比你预期的要长吗？					
2. 你会因为上网忽略自己要做的事情吗？					
3. 你更愿意上网而不是和亲密的朋友待在一起吗？					
4. 你经常在网上结交新朋友吗？					
5. 生活中朋友、家人会抱怨你上网时间太长吗？					
6. 你因为上网影响学习了吗？					
7. 你是否会不顾身边需要解决的一些问题而去上网？					
8. 你因为上网影响到日常生活了吗？					
9. 你是否担心网上的隐私被人知道？					
10. 你会因为心情不好去上网吗？					

续表

题目	几乎没有（1分）	偶尔（2分）	有时（3分）	经常（4分）	总是（5分）
11. 你在一次上网后会渴望下一次上网吗？					
12. 如果无法上网，你会觉得生活空虚无聊吗？					
13. 你会因为别人打扰你上网发脾气吗？					
14. 你会上网到深夜不去睡觉吗？					
15. 你在离开网络后会想着网上的事情吗？					
16. 你在上网时会对自己说："就再玩一会儿吗？"					
17. 你有想办法减少上网时间而最终失败吗？					
18. 你会对人隐瞒你上网多长时间吗？					
19. 你宁愿上网也不愿意和朋友们出去玩吗？					
20. 你会因为不能上网变得烦躁不安、喜怒无常，而一旦能上网就不会这样吗？					

将每道题的分数加起来，如同题目选项所示，"几乎没有"计 1 分，"偶尔"计 2 分，"有时"计 3 分，"经常"计 4 分，"总是"计 5 分。分数在 40 ～ 60 分为轻度网络成瘾，60 ～ 80 分为中度网络成瘾，80 ～ 100 分为重度网络成瘾。那么你属于哪种情况呢？写下你的测验结果。

实践与思考

一、断网活动

在课余生活中，请选择一个合适的时间，离开电脑、手机等电子设备，尝试断网 1 小时。在这 1 个小时中，你可以走出网络，选择阅读、打球、游泳、跑步、做手工、听音乐、外出散步、与家人交流、与朋友一起玩耍等积极健康的活动内容。完成这个挑战之后，你可以回顾一下，在过去的这 1 小时中，当离开网络、回归自然时，你有什么样的感受？当你可以完成"断网 1 小时"的挑战时，下一次，你就可以向"断网 2 小时"发起挑战！

把你的挑战经历写下来。

挑战时间：

替代活动：

挑战感受：

二、查阅资料

搜索《全国青少年网络文明公约》，并将其内容抄写在下方。

欣赏与提升

1. 书籍：《网瘾是这样炼成的》（明宗峰）

明宗峰，华南理工大学教师，中国青少年绿色网络建设传播联盟常务副秘书

长。现实生活中，他是一个教育工作者，而在网络游戏的虚拟世界中，他是一个具有多重性格并能随时变换身份的人。他深入涉足网络游戏长达数年，先后耗费十余万元购买虚拟装备，经历过网游虚拟世界中的种种欢乐、失望、悲愤与荣耀，亲身体验过网瘾战胜理智的沉迷……上述种种都被记录在本书中。作者以资深玩家和教育者的双重身份，向读者讲述不健康网络游戏的本质，还原其不为人知的内幕，也给正深受网游危害的玩家提供有益的借鉴。

2. 视频：《你需要知道些关于网瘾的事》

金伯利·扬结合自己对于网络成瘾多年的研究结果，在 TED 平台向大家介绍了什么是网络成瘾、人们是如何对网络上瘾的、怎样更好地安排科技产品的使用。同时，金伯利·扬也探讨了从政府和社会层面，可以对网瘾预防采取哪些举措，并提出了“屏幕智者”的概念。

感悟与收获

第八章

C H A P T E R 8

生命不息

22

第22课　生命规律：生老病死

生命书签

人生天地之间，若白驹之过隙，忽然而已。

——庄子

人生应该如蜡烛一样，从顶燃到底，一直都是光明。

——萧楚女

生命本身即具有死亡的种子。

——黑格尔

生命故事

"杂交水稻之父"袁隆平逝世
稻菽千重　禾下留梦

"共和国勋章"获得者、中国工程院院士、国家杂交水稻工程技术研究中心主任、湖南省政协原副主席袁隆平，因多器官功能衰竭，于2021年5月22日13时07分在长沙逝世，享年91岁。

袁隆平，祖籍江西，1930年9月7日在北京协和医院出生，接生他的是新中国第一位女院士，也是北京协和医院第一位中国籍妇产科主任，被人称为"万婴之母"的林巧稚。缘于儿时的一次郊游经历，1949年，19岁的袁隆平考入西南农学院，将"农"当成了自己一生的奋斗方向。

袁隆平是我国研究与发展杂交水稻的先驱，也是世界上第一个成功地利用水稻杂种优势的科学家。他冲破经典遗传学观点的束缚，于1964年开始全身心致力于研究杂交水稻，先后成功研发出"三系法"杂交水稻、"两系法"杂交水稻和超级杂交稻一期二期，他也因此被海内外誉为"杂交水稻之父"。2019年，我国杂交水稻种植面积超过1 700万公顷，占全国水稻总面积的50%，仅每年增产的粮食就可养活7 000万人。全世界约有一亿六千万公顷稻田，如果其中一半种上了杂交稻，每公顷增产2吨，每年增产的粮食可以多养活5亿人口。

2020年，受新冠肺炎疫情影响，多国限制粮食出口，引发了人们对于全球粮食危机的担忧。袁隆平说："中国完全有实现粮食生产自给自足的能力，不会出现'粮荒'，希望大家不要担心。"他的话给老百姓吃了"定心丸"。有网友说："有袁隆平爷爷在，心里踏实得很。"

袁隆平曾说他有两个梦，一是"禾下乘凉梦"，他曾经梦到过水稻比高粱还高，水稻秸秆比扫帚还要长，稻谷比花生还大，这也是袁爷爷的理想和追求。二是"杂交水稻覆盖全球梦"，他要把自己的杂交水稻技术分享给全世界，让更多的人不再饿肚子。

生命不息，奋斗不止。在人生最后的时间里，袁隆平依然在一线关注科研创新，入院后仍在时时刻刻关心他的稻子长得好不好。带着梦的"种子"，袁隆平化作"夜空里最亮的星"，将粮食的种子、创新与奋斗的"种子"留给了后来人。

生命智慧

在本书第一章，我们探寻生命的起源，认识到我们赖以生存的地球有一个漫长的形成、发展过程，但是生死总相依，地球也必将经历漫长的衰落和毁灭的过程，虽然不会顷刻之间毁于一旦，但我们却必须正视危机、珍爱地球。

一、解码地球的寿命

20 世纪初期，人们发现地壳中普遍存在微量的放射性元素，它们的原子核能自动放出某些粒子而变成其他元素，这种现象被称作放射性衰变。在天然条件下，放射性元素衰变的速度不受外界物理化学条件的影响而始终保持稳定。

例如 1 克铀，一年之后有七十四亿分之一克衰变为铅和氦。在铀的质量不断减少的情况下，经过约 45 亿年以后，大约就有 1/2 克铀衰变为铅和氦。利用放射性元素的这一特性，科学家选择含铀的岩石，根据一块岩石中含有多少铀及从这些铀分裂出来的铅，就能够算出这块岩石的年龄。这种方法叫作同位素地质年龄测定法，是目前测定地球年龄最可靠的方法。

现在已知的最古老的岩石，是 1973 年在格陵兰发现的，年龄有 38 亿年。1983 年，又在澳大利亚找到几粒年龄有 41 ～ 42 亿年的矿物颗粒。这表明，距今 40 亿年前后，地壳已开始形成。当然，这还不是地球的年龄，因为在地壳形成之前，地球还经历过一段表面处于熔融状态的时期，科学家们认为加上这段时期，地球的年龄大概应该是 46 亿年。

地球还能再存在多少年？科学家预测太阳的寿命为 100 亿年，现在地球的年龄是 46 亿年，6.5 亿年后太阳将成为红巨星，内核燃尽后的太阳，其重力将无法吸引住全部物质，体积将变大到吞噬地球，因此地球寿最终的命运，将是被膨胀的太阳吞噬。

但除了受到太阳这一外来因素的影响，地球的寿命还会受到肆意地滥砍滥伐、污染水资源、排放污染气体、进行核试验等人类因素的影响，以及彗星、小行星撞击地球等其他因素的影响。如果这样，地球剩下的寿命就没有科学家预计的 50 多亿年了。

二、解码人类的寿命

对死亡的恐惧和对生存的渴望是一个永恒的话题，人类为了能够实现长生不老尝试了各种方法，从秦始皇炼丹药、派遣徐福东渡，再到唐太宗、乾隆这些帝王，无一例外都想找到长生不老药，可是结果都失败了，即使到了医学技术发达的今天，人类依然无法实现永生。

地球上的动物寿命普遍不长，大多数动物的寿命只有 10 岁、20 岁，而作为地球上的高智慧生物，人类懂得利用大脑的智慧不断延长自己的寿命，联合国数据显示，2019 年世界人口平均寿命达到 72.6 岁，比 1990 年提升了 8.4 岁，预计到 2050 年，全球平均预期寿命有望达到 77.1 岁。根据科学家的推算，人类的极限寿命在 120 岁左右。

人到了一定的年龄，就会长出白头发，皮肤出现皱褶，行动开始变得迟缓……这些都是衰老的外在表现，而人体衰老背后的原因则是细胞的衰老，科学家从基因、氧自由基和细胞端粒三个方面为我们揭示了生老病死的奥秘。

1. 基因

基因是遗传的物质基础，人体的衰老必定和它有密切的联系。受氧自由基、化学物质、紫外线等的影响，细胞核内的 DNA 也会受损，从而导致 DNA 链断裂，它上面的基因也会受损。人体的细胞内含有一种 DNA 修复酶，对 DNA 链的断裂损伤具有修复作用。但随着年龄的增长，其修复能力会逐渐下降，使受损的 DNA 不断积累，基因表达受阻，最终导致衰老。可见，对 DNA 损伤的修复能力是决定人体衰老速度和寿命的主要因素之一。

2. 氧自由基

氧分子在营养人体的同时，还具有一定的危害。因为人体摄入的脂类、糖类和蛋白质无时无刻不在被氧化，在不断产生人体所需的能量（ATP）的同时，还不停地生成大量的氧自由基。氧自由基不仅损害蛋白质和脂类，还损伤DNA。这些累积起来的损伤，会逐渐造成不可逆的后果。人体虽然有一套清除代谢产生的自由基的系统，但当人体内存有太多的自由基时，清除系统就显得心有余而力不足了。这些氧自由基的存在和累积，成为人体衰老不可避免的一个诱因。

3. 细胞端粒

端粒是人细胞核内染色体末端的一段特殊结构，它与细胞的衰老有密切的关系。端粒越长，寿命也越长。正常情况下，人体的细胞每增殖一代，端粒的长度就会短一截，短到一定的程度，这个细胞就不能再进行分裂增殖而逐渐衰老死亡。因此，随着年龄的增长，端粒会越来越短，细胞会随之逐渐衰老，直至死亡，这也是人体衰老的过程。

人体就像一架非常复杂而精密的机器，机器用的时间长了，总会造成磨损，出现各种各样的问题，人也一样，无论是器官，还是细胞，里面的分子逐渐受损，废物也不断堆积，最后会导致功能丧失。

相关链接

庄子的生死观

庄子作为道家的集大成者，其对生死的理解更是远超常人，直到现在依然有着深刻的现实意义。《庄子·达生篇》中记录了他对“达生”的详细释义，他认为“达生之情者，不务生之所无以为”，意思就是说，不要做生命本身不能做到的事为自己徒增烦恼。人没有翅膀，就不要强迫人飞起来；生死是天地规律，我们无法改变，故而无须为生而喜，更无须为死而忧。

他说：“适来，夫子时也；适去，夫子顺也。安时而处顺，哀乐不能入也。”即每个人出生来到这个世界，是时机到了，离开这个世界，也是顺应自然的。庄子从时机的角度理解生死，做到了悲喜不侵，对生死之事能够泰然处之。

庄子认为：“死生，命也；其有夜旦之常，天也。人之有所不得与，皆物之情也。”于是，庄子在自己的妻子死时，没有丝毫哀伤，反而是坐在妻子的棺椁之前，鼓盆奏乐放声歌唱，将死亡看成是一件平常之事。当他自己病重将死时，也嘱咐门生不要给自己放陪葬品，甚至不用给他下葬，就让他“以天地为棺椁，以日月为连璧”，在世间默默消亡。

庄子作为我国最伟大的哲学家之一，他对于生死的各种观念，对今天生活在现代文明社会的我们仍有启迪意义。

三、解码人类的疾病

1. 人类为何会生病

从远古时期开始，人类就有一个迷思：人为什么会生病？我们一直试图认识生命和疾病，找到疾病发生的规律。中国工程院院士、北京积水潭医院首席科学家田伟认为我们可以从以下几个方面回答这个问题：

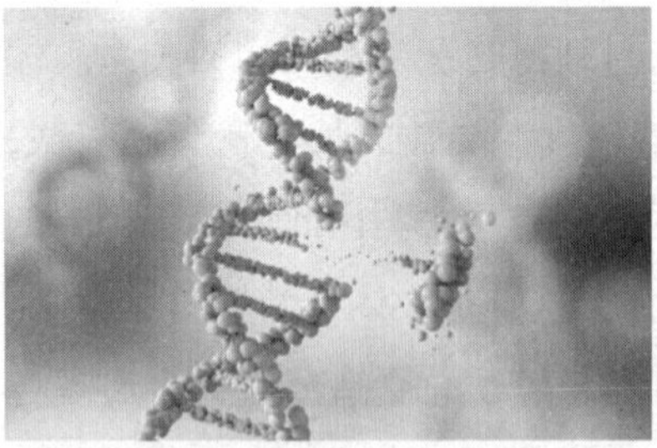

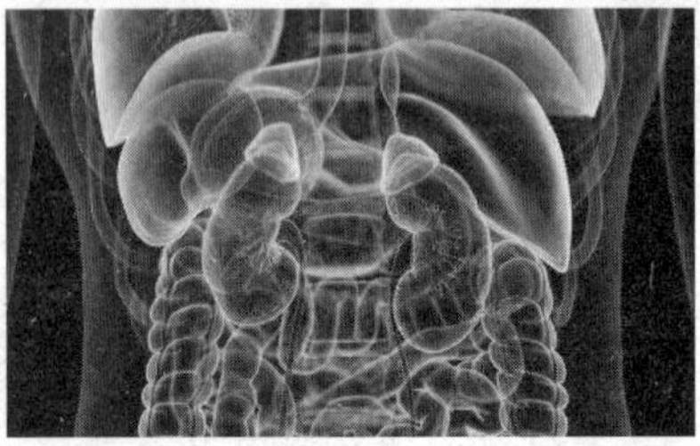

（1）遗传基因。

随着基因学研究的深入，医学家们发现各种疾病都有一定的基因背景，有一些疾病或者缺陷是通过基因传递给下一代的。同时，每一个个体在从胚胎发育到形成稳定的器官组织的过程中，可能会因各种因素影响而出现基因突变，这和很多畸形与系统性疾病有着密切的关系，这些变异的基因也可能继续遗传下去，但好在这种突变所造成的疾病一般不会遗传下去。

（2）人体内因。

情绪的异常变化和内部器官的功能发生异常也是人类生病的常见原因。比如长期处于紧张情绪中，一些人就会逐渐出现肾上腺皮质增生，增生的组织会分泌出过多的醛固酮，最常见的症状就是高血压，至少 20% 的常见原发性高血压都是肾上腺皮质增生引起的。

（3）外部环境变化。

生活环境的变化也会导致疾病，比如环境中出现有害物质，如空气污染会造成人类患上肺癌或者慢性肺功能障碍，核污染会导致人的直接死亡或者慢性死亡等；再比如食源充足，吃太多会影响机体的正常运转，而食源短缺又会造成营养不良甚至直接饿死。

（4）人和其他生物的相互影响。

病毒、细菌等很多微生物和人类存在相互依存、相互制约的关系，但也能相互产生不利的影响。例如人类的消化功能依赖于肠道里的有益细菌，但一些厉害的细菌如伤寒杆菌则能直接让人死亡。

我们就是在与疾病的抗争中繁衍不息、不断进化的，这实际上相当于一个筛选的过程，经过筛选之后，良好的基因就会被传递下去，但随着现代医学的快速发展，人类通过医疗干预有效地对抗了许多疾病，与此同时，人类也要不可避免地面对越来越多的遗传病问题。

2. 人类如何对抗疾病

（1）人体的自愈和适应能力。

人体经过上百万年的进化，机体内部已形成一套复杂而严密的应对疾病的系统。正是这套系统的“顽强工作”，使得人类或者消除了疾病，或者适应了疾病，与之共存，这是疾病缓解的基础和最重要的条件。

比如艾滋病患者并不是直接死于艾滋病病毒，很大可能是死于细菌感染，其原因就是艾滋病病毒破坏了人体免疫系统，也就是消除了患者的自愈能力，一旦出现感染，即使对普通人很有效的抗生素也很难挽救艾滋病患者的细菌感染，可见人体自愈能力是多么重要。

（2）心理安慰和保健。

很多医生或者医疗服务机构会忽略心理这一重要因素，从而造成治疗效果的下降。

1853 年 10 月，克里米亚战争爆发，英国、法国、奥斯曼帝国与沙俄在克里米亚交战，当时医疗条件恶劣，一位名叫南丁格尔的英国女士，主动申请去战地医院照顾伤员。她的工作没有太大的技术难度，主要负责频繁地巡视伤员，安抚伤员的惊恐情绪，为伤员解决必需的生活用品和食品，及时联络医生处理伤情变化。每晚，南丁格尔都手执风灯巡视，伤病员们就亲切地称她为“提灯女神”。仅仅半年左右的时间，伤病员的死亡率就奇迹般地从 42% 下降到了 2.2%。

南丁格尔成为现代护理工作的创始人，她给予患者精神上的安慰，使患者远离恐惧，得到更好的休养，从中可以看出心理安慰和精心照顾的神奇力量。

（3）具体的诊疗方法。

随着科学技术的进步，特别是近百年来现代医学的迅猛发展，从各种治疗药物，到基因学和影像学等各种诊断方法，以及手术方法不断进步，具体的治疗手段越来越多，患者住院时间和康复时间大幅缩短，人均寿命已从四五十岁延长到现在的八九十岁。

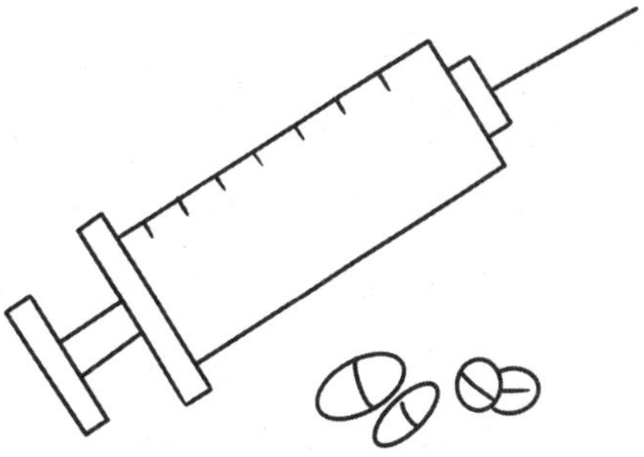

目前，在治疗疾病的过程中，自愈和适应能力、心理安慰和保健、具体诊疗方法三要素每个都不可或缺。同时，关于人体机能和疾病，还有很多深层次的未解之谜等待人类探索。

线上学习

通过网络搜索，查阅人类在生病、衰老过程中都会发生哪些变化，充分认识到人无法回避衰老、生病和死亡的规律，生与死是人类自然生命历程的组成部分。

活动与分享

1. 播放电影《非诚勿扰 2》中李香山人生道别会的片段，通过李香山面对死亡的淡定、朋友们调侃性的追思，感悟我们可以用哪些态度来面对死亡。

2. 伴随轻音乐，进入冥想状态，想象自己的一生将如何度过。

实践与思考

选择一名逝去的对象，最好是与自己关系较为密切、能够触动自己内心的对象（如亲朋、宠物……），在一个不被打扰的环境中，去重新审视他 / 它的逝去。

1. 我对他 / 它的称呼是：

2. 他 / 它逝去的时间是：

3. 他 / 它逝去的原因是：

4. 我认识到他 / 它已经逝去，这个事实能否改变：

5. 我认识到，他 / 它的死和生一样，都是他 / 它生命的一部分，我为他 / 它曾经拥有过的生命感到：

6. 我对他 / 它的情感埋藏在心底，今天，我想对他 / 它说：

欣赏与提升

1. 书籍：《一片叶子落下来》（[美]利奥·巴斯卡利亚）

“既然我们都要飘零落下，干吗还要生长在这里呢?”

“是为了享受太阳和月亮。是为了一起过那么长一段快乐时光。是为了把影子投给老人和孩子。是为了让秋天变得五彩缤纷。是为了四季。难道这些还不够吗?”

这是一则关于生命的童话，作者通过一片叶子经历四季的故事，来展现生命的历程，阐述生命存在的价值。简单亲切的文字，发人深省的寓意，清新简洁的画面，无不令人感动，给人慰藉……

2. 电影：《寻梦环游记》

“也许我们无力阻挡时间的流逝，我们也必将与家人和爱人生死相隔。但死并非生的对立面，而是作为生的一部分永存，人类的记忆，便是对灵魂的延续。”

“死亡并不可怕，真正可怕的是，被人遗忘。”

这部动画电影的情节设定源自墨西哥本土的阿兹特克文明——死亡并不意味着结束，而是生命以另一种形态开始，因而他们可以调侃死亡，也为影片奠定了欢乐的基调。影片转移了人们对死亡的恐惧，强调思念和记忆带来的力量，通过别样的生死观，带领我们感悟向死而生的意义。

感悟与收获

23 第23课　生命离别：临终关怀

生命书签

天地无终极，人命若朝霜。

——曹植

生如夏花之绚烂，死如秋叶之静美。

——泰戈尔

生命故事

儿童临终关怀病房

装饰着彩色贴纸的淡绿色墙面、粉色沙发，毛茸茸的大熊玩具，星空图样的床单、被罩和抱枕，装满食物的冰箱……这就是家庭式儿童临终关怀病房。

这个家庭式儿童临终关怀病房的创始人是北京某医院血液肿瘤中心医生周翾。

在一次国际会议上，周翾偶然听到儿童临终关怀，但当时并不清楚具体情况。2013年，她在美国学习期间去医院了解儿童临终关怀。她推开病房的门，看到一个妈妈抱着宝宝坐在摇椅上，摇来摇去，宝宝叼着奶嘴安静地睡着。屋子里灯光很柔和，场景很温馨，让人感觉不到这个孩子即将离世。

作为医生，周翾看过很多生离死别。在她眼中，死亡是惨烈的。她从来没想到，临终的孩子还可以平静而有尊严地离开。

经过不懈努力，周翾在北京成立了家庭式儿童临终关怀病房。2020年2月，身患重症的朵朵住进了这里。当时，她时日无多，家人决定为其尝试舒缓治疗。医生每天给朵朵使用镇痛药物，她不会感到疼痛；心理咨询师还为其家人做心理疏导。3月的第一个周末，朵朵安静地走了，姥姥说："一点儿罪没遭。"

"即便是身患不治之症，孩子也可以安静、有尊严地离开这个世界。"周翾说。

生命智慧

通过上一课的学习，我们明白了生老病死是生命的自然规律，死亡是生命的自然过程，是人生的一部分。因此，再先进的医学手段也必须屈服于这个自然规律，当积极的治疗已不能有效地延长寿命和提高生命的质量时，我们可以考虑在临终者生命最后的阶段，为他提供一个安适、有尊严、有意义的环境，让他不惧怕、不痛苦、没有遗憾地离开。

一、临终关怀的概念

现代意义上的临终关怀始自 20 世纪 60 年代的英国。现代临终关怀组织的创始人桑德斯博士于 1967 年 7 月在英国伦敦创建了世界上第一所专门为临终病人提供服务的临终关怀机构——圣克里斯多弗临终关怀院（St. Christopher's Hospice），该机构的设立被誉为“点燃了世界临终关怀运动的灯塔”。

临终关怀（Hospice Care）是指对于一些晚期的、不可治愈的病人，在他们生命即将结束的一段时间内，不以延长其生命为目的，而是通过生活照料、缓和医疗、心理疏导等手段来提高和改善其生命质量、减轻痛苦，让临终病人在生命的最后阶段仍能保有尊严。同时，临终关怀也倡导为临终者的家属提供包括沮丧期在内的心理生理慰藉和进行必要的死亡教育等。因此，临终关怀也被人称作“关爱生命的最后一公里”。

相关链接

每年十月份的第一个星期六为“世界临终关怀及舒缓治疗日”，其设立旨在通过这一天的全球性活动，提高人们对临终关怀重要性的认识；寻求对临终关怀的资金支持，促进全球范围内临终关怀及舒缓治疗服务机构的发展。

二、临终关怀的理念

1. 尊重生命

有些人认为临终关怀意味着不抢救，即放弃最后的治疗，难道这不是放弃生命吗？

一些医生护士秉承“救死扶伤”的工作理念竭尽所能来为病人争取生命的延续，认为这样才是尊重生命。这些是不是和临终关怀的理念相违背呢？

其实，生与死都是生命的组成部分，完整的尊重生命自然也应包括尊重死亡。临终关怀反对的是以增加病人痛苦为代价的医疗，倡导缓和医疗，也就是保持最基本的医疗救治，同时给予病人舒缓性的、高质量的照护，来减轻病人生理和心理的痛苦，使其在生命的最后阶段仍然保有尊严。

2. 倡导自然

临终关怀与“安乐死”不同，前者认为死亡是一个自然的过程，即不必加速也不必延缓，而后者通常是病人自主选择通过医疗手段无痛苦地结束生命，有加速死亡的倾向。因此，临终关怀的提出意味着人类文明的进步，意味着人们要全新地认识生命以及接纳死亡。

3. 关注心理

对于大多数临终病人而言，心理疗护的需要和效用要远远大于药物治疗。因此，临终关怀倡导无论是医护人员还是家属，都应该关注临终者的心理需求，并给予他们无条件的积极关怀，让他们可以坦然面对生死，正视人生的价值，从而在温暖的氛围中有尊严地安然逝去。心理疗护主要包括如下五点：

（1）做好基础护理，这是心理疗护的基础。

（2）解除临终病人的苦闷与恐惧。

（3）满足临终病人的心理需要。

（4）尊重临终病人的各种权利。

（5）帮助病人正视死亡以平静地度过临终阶段。

相关链接

库伯勒·罗斯对临终病人的心理进行了研究，总结出了临终心理的五个反应阶段：

（1）否认期：病人拒绝接受事实。

（2）愤怒期：病人常表现为生气与愤怒，往往将愤怒的情绪向医护人员、朋友、家属等接近他的人发泄，以弥补内心的不平。

（3）协议期：病人接受临终医学教育。此期病人变得和善，能积极配合治疗。

（4）忧郁期：病人产生很强烈的失落感，出现悲伤、情绪低落、沉默、哭泣等反应。

（5）接受期：为临终的最后阶段。病人接受即将面临死亡的事实，喜欢独处，睡眠时间增加，静等死亡的到来。

虽然病人能渐渐接受自身的情况，但总体还是以负面情绪为主。他们认为自己是被抛弃的，这是一种被动、孤独、苦闷的等待，因此临终关怀的意义就显得尤为重要了。

三、临终关怀的实施

一位临终关怀志愿者曾说："每个人临终前，想到的都是爱，而关怀是爱在临终前，最温情的承载。"每个人的生命都会走到尽头，我们无力挽回逝去的生命，我们能做的，只有用我们的关怀与爱去给予生命最后的尊严。

那么，我们作为普通人（非专业的社工、医护人员等），都能做些什么呢？

1. 陪伴减压

临终病人的病理性疼痛，我们无法消除，但我们可以通过陪伴、播放音乐、陪同聊天、看电影等方式来转移其注意力，缓解其疼痛症状，减轻痛苦。

许多癌症患者在得知自己的人生快到终点时普遍无法接受，大多也会背负着巨大的心理压力，抑郁、绝望、恐惧、伤心过度等情绪很常见，这时我们可以对其进行科学的疏导，使其更加清楚地了解疾病，同时给予更多的关怀与陪伴，从而减少其失落感与孤独感，使其在离世前尽可能做到心平气和、内心无牵挂。

2. 满足饮食需求

临终者在治疗期间胃肠道逐渐衰弱，身体难免会有消瘦、营养不良等症状。在不影响病情的情况下，我们可以尽量满足患者的饮食要求，同时注意提供高蛋白、高热量以及富含维生素且容易消化的食物等营养支持。

3. 提高生活质量

对于癌症晚期的患者来说，治愈也许已不再是最大的诉求，此时其生活是否舒适变得尤为重要，我们可以为卧病在床的患者创造一个清爽、优美、通风良好的环境，应时常帮其更换床单，及时清理排泄物。对于行动自如的患者，帮助其勤换衣物，勤洗澡，保持个人卫生，以此提高患者的生存和生活质量。

4. 协助完成心愿

对于生命即将结束的临终者，应尽可能地创造条件，帮助患者实现一些未完成的心愿，让临终者把未尽的事宜交代好，让他们无憾这一生走过来的风雨岁月。

相关链接

临终关怀八要素

1. 减轻病人的肉体和精神症状，以减少痛苦。
2. 采取能让病人表达自己愿望的治疗手段，以维护病人的尊严。
3. 避免不适当的、有创伤的治疗。
4. 在病人还能与人交流时，给病人和家属提供充分的时间相聚。
5. 给予病人尽可能好的生命质量。
6. 将家属的医疗经济负担减轻到最小程度。
7. 所花医疗费用要告知病人。
8. 为死者家庭提供治丧方面的帮助。

活动与分享

有人说“生命的句号要自己画”，有人说“善意的谎言是对病人的保护”，面对这两种观点，你怎么想呢？请和同学们讨论以下问题，并将讨论结果记录下来。

1. 如果你的家人只剩下30天生命，你会如实告知他吗？

2. 假如是你，你又会希望家人如实告知你吗？

3. 如果在生命的最后阶段，子女没有不顾一切地挽救父母的生命，是否不孝？

实践与思考

假如你的生命只剩下 30 天，你希望自己在什么样的环境中度过余生？你希望自己在这段时间做些什么？你希望身边的人如何对待自己？

欣赏与提升

1. 书籍：《最好的告别》（[美]阿图·葛文德）

这本书通过外科医生的视角，讲述了一个个伤感而发人深省的故事，直面衰老和死亡的沉重话题，触发着我们对生命的进一步思考和探索。作者通过自己对生命的透视、与死亡的对峙，告诉我们如何尊重生命、挽救生命，也告诉我们为了使生命最后的岁月有意义，可以做什么、应该做什么。

2. 电影：《入殓师》

这部影片的男主角小林大悟，原本是乐团的大提琴手，随着乐团的解散，他卖掉了大提琴返回家乡，在误打误撞中成为一名入殓师。该片以一名新手入殓师的视角，去观察各种各样的死亡，凝视围绕在逝者周围的充满爱意的人们。

感悟与收获

第 24 课　生命救助：自杀干预

生命书签

自杀是卑怯的行为。

——鲁迅

人生实在是一本书，内容复杂，分量沉重，值得翻到个人所能翻到的最后一页，而且必须慢慢地翻。

——沈从文

人的生命似洪水奔流，不遇着岛屿和暗礁，难以激起美丽的浪花。

——奥斯特洛夫斯基

生命故事

“自杀干预师”，半年劝阻上千人

2019 年，阿里巴巴旗下的阿里安全推出“守护生命”项目，利用人工智能技术并联动商家、公安、第三方机构建立自杀干预机制，对有自杀倾向的人予以安抚干预，以避免悲剧的发生。

2019 年 12 月的一天，一名 12 岁的小女孩在一家网上药店询问购买药品，客服按照惯例主动询问其用药目的时，竟发现女孩有轻生的倾向。药店客服紧急联系了阿里安全的工程师武纲。

武纲是阿里安全“守护生命”项目中的一名“自杀干预师”，他日常的任务是及时发现和劝阻那些有自杀倾向、准备购买商品用于轻生的人。接到药店客服的通知后，武纲立即启动紧急干预程序，一边和商家安抚这个女孩，一边通过快速通道报警找人。民警连夜找到了女孩家。敲开门时，她的父母还不知道一墙之隔的卧室里发生了什么。

据阿里巴巴介绍，这样的场景，武纲每天都能遇到。综合分析上千起自杀干预的案例特征，武纲发现这些人都比较年轻，甚至还有高中、初中学生。他们生活经验不丰富，再加上心理承受能力比较欠缺，在生活、学习或工作中遭遇感情破裂、家庭不和、债务危机、怀疑自己得了绝症等挫折时，一时想不开便容易产生轻生念头。武纲说：“大部分人是冲动型的，和他们多聊聊，交谈过程中多倾听，身边的朋友再给一些帮助和温暖，大多数都能迈过那个坎儿。”

相关链接

世界卫生组织《2019年全球自杀状况报告》的数据显示：每年超过70万人死于自杀，每40秒就有1人自杀死亡，自杀也是导致全球青少年死亡的“三大杀手”之一，而抑郁症则是与自杀行为密切相关的心理问题。

自2003年起，每年的9月10日被世界卫生组织定为“世界预防自杀日”，以引起公众对自杀的关注，降低自杀率。2020年的主题为“共同努力，预防自杀”；2021年的主题为“行动创造希望”。

线上学习

通过网络搜索，查找世界预防自杀日历年的主题，了解我们在生命救助方面的持续努力，感悟“每一个生命都弥足珍贵”的生命理念！

生命智慧

自杀是可以预防的，我们任何一名普通人，只要掌握一点基础的知识，学会一点基本的技术，就有机会向身处悬崖边的亲友伸出援手，帮助他脱离险境。

一、识别自杀信号

自杀行为，往往是由零星的自杀念头缓慢发展而来的，求生的本能会使打算自杀的人陷入生与死的矛盾冲突之中，与他人谈论自杀，并有意或无意地发出直接或间接表现自杀企图的信号。当我们在日常生活中遇到以下这些典型信号时，应及时引起警觉，因为这些可能就是他们的求救信号。

（1）外形或卫生状况的突然改变，如一个平时在意外表着装的人，突然变得邋遢不堪；一个日常略有洁癖的人，突然房间里垃圾成山等。

（2）突然出现过量吸烟、饮酒和服药等行为，这些不必要的高风险行为可能是当事人死亡愿望的萌芽。

（3）异常的社交回避，本来正常的家人或朋友突然无理由地中止联系，是比较危险的信号。

（4）一段时间内突然异常地关注死亡或者暴力，比如看或写以死亡为主题的诗或者故事等。

（5）直接或间接地谈论自杀，或委婉、谨慎地暗示周围，例如说出“活着没意思”“想离开”“不想再坚持了”“如果我死了会怎样”“我是个废物”“明天也不会好了”等类似的话。

（6）尝试有风险和刺激的行为，开始自伤自残等。

（7）搜集自杀相关资料，购置相关用具。

（8）放弃或分发财物、将珍贵的东西送予他人、与人道别，都是相对典型的自杀暗示。如我们的亲朋忽然怪异或不寻常地来访，且说话方式好像是将来不会再见一样，请一定要及时意识到，这很可能是一种自杀行为的先兆。

（9）生理上的变化，如个体兴趣缺乏、进食突然变少或变多、体重急剧减轻、严重失眠等。

（10）明显的情绪反常，毫无征兆和来由的突然平静，往往意味着个体已经进入自杀的最后阶段，开始与世界告别，需要立即采取强制干预措施。

需要特别注意的是，实际生活中的自杀信号往往并不单一，而是包括上述各方面因素的综合信号，需要我们用心观察、提高警惕。

相关链接

自杀干预在中国

2002年12月3日，北京回龙观医院北京心理危机研究与干预中心开通了“心理危机干预热线”（2010年更名为“北京市心理援助热线”），这是中国第一条专业的官方自杀干预热线，365天24小时无偿面向公众开放。

中国民间自杀干预组织的中坚力量则是希望24热线，全国共有21个接线室，接线员全部由持证上岗的志愿者担任。

新媒体时代，南京大学生“走饭”的微博成为自杀遗言树洞，而学者黄智生则受到启发，利用人工智能算法，挖掘社交媒体上的自杀危机信号，进而实施援救，2018 年他研发的树洞机器人落地，此后，树洞机器人不断迭代，抓取数据的准确率也不断提高。

自杀干预在中国已开始行动，但仍然面临两个问题：一是建立国家层面的自杀预防体系，加强政府、救援团体和其他社会组织的通力合作；二是提升全体国民自杀干预的意识及能力。

二、科学干预之“六不”

我们发自内心的重视和关怀往往是将自杀者从悬崖边拉回的最重要的力量。当我们意识到身边亲友已经出现相对明显的自杀信号时，一定要及时采取科学的干预手段，其中包括不否认、不说教、不刺激、不承诺、不独处、不保密等六点沟通原则。

1. 不否认

不要否认或忽视他们的感受和自杀想法，试图说服他们立即放弃自杀的想法是不现实的。同时，不要批评、指责或拒绝他们，不要阻止他们用哭泣等方式表达情绪，这很可能会使他们感到内疚。错误且常见的沟通方式例如：“多大点事，有啥想不开的”“我觉得没啥大不了的”“别想了，过了就好了”“自杀就是懦弱者的表现”“你怎么这么傻呢”“你这么做对得起你父母吗”等。

2. 不说教

在与有自杀念头的人沟通时，讲大道理不仅对改善当下境况毫无帮助，还可能激起对方的逆反心态。自杀者在沟通过程中迫切希望得到的是倾听和理解，而不是一位人生导师的说教。

3. 不刺激

此时，“以毒攻毒”是非常荒谬的错误想法，刺激对方不但不会让其清醒冷静，反而会直线提升其自杀行为的实施可能。救援专业机构反复强调的“楼下行人不可言语挑逗跳楼者”正是此理。

4. 不承诺

不要做出无法保证的承诺，如“一切都会变好的”“你爸妈一定会原谅你的”等。反之，如能得到对方的直接承诺（如“我向你保证今天我肯定不自杀”等），会对减缓自杀行为的时间紧迫性起到明显帮助作用。

5. 不独处

当发现对方有相对明显的自杀念头后，不要给对方独处的机会。如果自己当下无法做到，则应迅速通知其亲朋好友或老师、警察等，立即赶往对方所在地点，陪伴对方渡过难关。

6. 不保密

不要答应为他们的自杀保密，即使对方恳求你保密。可以明确地说你会让其他值得信任的人一起帮助他，如帮助他求助心理老师等。

三、科学干预之“三要”

在自杀干预中，还有一些方法能够帮助我们传递有效信息，包括直接问、认真听、及时求助。同学们遇到企图自杀的人时，可以通过这些简单的沟通技巧，将自己的关心快速、有效地表达出来。

1. 要直接问

大量研究证明，询问有关自杀的问题并不会增加人们关于自杀的念头及行为。相反，直接讨论关于自杀的想法，对于那些一直处于痛苦折磨中的人来说，是一个内心情绪的有效出口。

在生活中，当我们察觉到他人有比较明显的自杀征兆时，可以直接询问他的具体想法，如“刚才你说‘没有活下去的理由了’，你有想过自杀吗”“你刚才说你想自杀，你有想过用什么方式吗”等。通过了解对方关于自杀的想法处在自杀意念、自杀计划、自杀准备中的哪个阶段，可以帮助我们评估其自杀风险的大小。

2. 要认真听

在自杀干预过程中，“听”比“说”重要得多。如果对方愿意向我们敞开心扉，我们要做的就是认真地倾听，允许他表达自己的感情，允许他流泪，向他表达你的关心、耐心以及陪伴他的意愿，尝试理解他的处境。

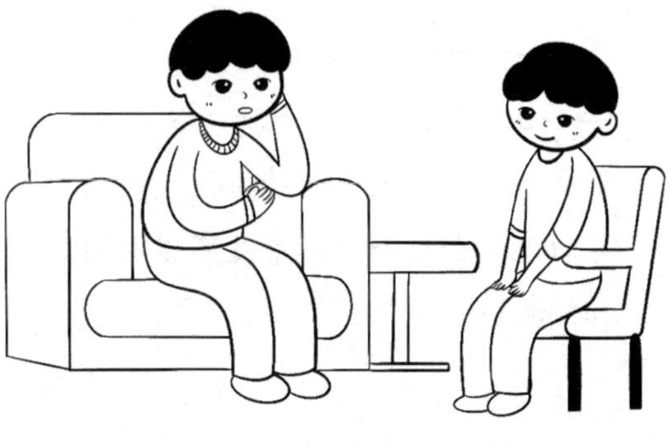

认真听还要求我们不能贸然对自杀者的想法做评价。由于所处立场的不同，我们心中难免会产生一些自己的价值判断，但恰恰是这些主观判断，很容易给对方制造落差感。对自杀者来说，随意的附和传达出的是“敷衍”之意，贸然驳斥又会造成心理上的刺激。因此，无论赞同还是否定，我们都应意识到这些判断都来自我们自己的立场，一定不能强加给诉说者，不做评判，不讲大道理。

在倾听过程中要保持关切的姿态和积极的回应。沟通中我们可以身体稍微前倾、用关切的目光注视对方，不随意游离，给对方不定期的反馈，例如用“你刚才说到……”等语句来重复对方提到的重要信息，表示自己一直在认真听。这样做不仅能让对方感受到被关注，还能帮助自己不断整理刚刚听到的各种信息，以便在未来寻求专业帮助时能提供更多的有效信息。

在倾听过程中还可以恰当提问，避免询问“是”“否”等封闭性问题，可针对具体问题进行少量的开放性提问，促使谈话双方一起思考对策，寻找现实困境的出路，例如：“你目前最大的痛苦是什么?”“你说你想自杀，到现在为止还没实施的牵绊是什么?”“你真正看中和在乎的是什么?”“支持你活下去的力量是什么（某人或某事）?”

3. 要及时求助

初步谈话以后，一旦发现对方已经有了较强的自杀倾向，甚至有了具体的自杀计划或准备，你就需要寻找其他力量与你一同帮助对方，如立刻联系老师、家长、警察等可信任的人，共同保护其生命安全。

同时，鼓励对方寻求专业帮助。你可以陪伴他前往正规医院的心理科或精神科就诊，或是预约正规心理机构的心理咨询。

“六不三要”是自杀干预的科学方法和正确态度，是我们拉住悬崖边的亲友的重要力量。在实施上述方法的过程中，请记得照顾好你自己，因为与有自杀倾向的人沟通无论对谁来说都不是一件容易的事，对于同学们来说，更是压力与挑战，建议你同信任的人讨论并寻求帮助，如朋友、家人、老师或专业的心理医生等。

活动与分享

一、自杀干预我能说

面对有自杀念头的亲人或朋友，向他们表达自己的真诚和关心非常重要，但并非所有的沟通都能够为他人照亮一束光，有些反而会加剧其自杀倾向。以下语句的表述在自杀干预中是不推荐的，和同学们讨论这些语句为什么不合适、应该如何调整。

序号	不该说的话	可以这样说
1	别人的生活比你糟糕多了。	
2	你明天就会感觉好了。	
3	生活本来就不公平，但你必须面对。	
4	生活会继续，明天又是新的一天。	
5	你太自私了，这样做怎么能对得起你父母？	
6	出去找点乐子，喝杯酒，把它忘了。	
7	你说得我也不开心了。	
8	你比我幸福多了，你有什么想不开的啊！	
9	你别再自怨自艾了。	
10	你就是长时间在家里待的，出去跑步吧。	
11	每个人都得应付生活的糟心事儿，怎么你就不行呢？	
12	你很坚强，一切都会好的。	

二、自杀干预我能做

在我们竭尽全力帮助有自杀倾向的人的过程中，我们或多或少也会受到影响，有时会感觉精疲力竭，这时候我们需要自我关怀以及寻求帮助。和同学们聊一聊如何进行自我关怀，可以从以下几个方面展开思考：

1. 照顾自己的身体：

2. 照顾自己的情绪：

3. 适当抽离这件事：

4. 寻求外界帮助：

5. 其他：

实践与思考

汪国真曾写下诗歌《热爱生命》，以积极向上、昂扬超脱、蕴含哲理的诗句，激发我们对生命的热爱与敬畏。

热爱生命

汪国真

我不去想是否能够成功
既然选择了远方
便只顾风雨兼程

我不去想能否赢得爱情
既然钟情于玫瑰
就勇敢地吐露真诚

我不去想身后会不会袭来寒风冷雨
既然目标是地平线
留给世界的只能是背影

我不去想未来是平坦还是泥泞
只要热爱生命
一切，都在意料之中

请同学们通过诗歌感悟生命之珍贵，并结合对生命的理解，写出自己心中的生命之诗，为他人、也为自己。

欣赏与提升

1. 书籍：《我的朋友在挣扎》（[美] 麦道卫、埃德 · 斯图尔特）

患难是人生的常事，战胜它，不仅需要勇气与智慧，也需要友谊和关爱。因此，人的一生需要两种基本能力，一种能力是以勇气和智慧面对困难，另一种能力则是以爱心为患难中的人提供安慰、支持与鼓励。本书选取了青少年常常会遇到的 8 个典型问题进行探讨，如与人发生冲突、想自杀、父母离异等，为我们解决问题提供了许多新的视角和方法，帮助我们学会应对这些问题，同时为我们帮助同伴提供了指导准则。

2. 电视剧：《女心理师》

这部电视剧改编自毕淑敏的同名小说，讲述了女心理师贺顿在运用专业技术竭力帮助来访者的同时，也不断治愈自己心灵的若干故事。电视剧虽有进行艺术化处理，但仍能带领我们走近心理咨询、危机干预，帮助我们充分感悟他人的内心挣扎，提升共情力、培养同理心，树立正确的助人理念。

感悟与收获

图书在版编目（CIP）数据

生命教育 / 蔡佳伟，肖育发主编. -- 北京：中国人民大学出版社，2022.6
新编 21 世纪职业教育精品教材
ISBN 978-7-300-30656-8

Ⅰ. ①生… Ⅱ. ①蔡… ②肖… Ⅲ. ①生命哲学－职业教育－教材 Ⅳ. ① G634.201

中国版本图书馆 CIP 数据核字（2022）第 086426 号

福建省“十四五”职业教育规划教材
新编 21 世纪职业教育精品教材
生命教育

主　编　蔡佳伟　肖育发
副主编　张　颖　吕倩倩　柯青兰
参　编　彭凤英　蔡素芬　王晓丽　郑怡萍　陈　亮　陈冰冰
　　　　曹伊凡　陈蓉蓉　林玲玲　何晓曼　蔡美丽

Shengming Jiaoyu

出版发行	中国人民大学出版社		
社　　址	北京中关村大街 31 号	**邮政编码**	100080
电　　话	010－62511242（总编室）		010－62511770（质管部）
	010－82501766（邮购部）		010－62514148（门市部）
	010－62515195（发行公司）		010－62515275（盗版举报）
网　　址	http://www.crup.com.cn		
经　　销	新华书店		
印　　刷	北京七色印务有限公司		
开　　本	787 mm × 1092 mm　1/16	**版　　次**	2022 年 6 月第 1 版
印　　张	14	**印　　次**	2025 年 7 月第 4 次印刷
字　　数	268 000	**定　　价**	39.00 元